U0572498

國寶2017
古色華彩
卷四
冬墨五彩

十月

October

國寶 2017 古色華彩 — 冬墨五彩

商·镶嵌绿松石象牙杯
中国社会科学院考古研究所藏

一日

唐灵飞经

星期日

国际老年人日

今日国庆 · 四日中秋

农历丁酉年 · 八月十二

◎ 白色，在传统五色体系中占据了重要一席，可改变其他色彩的浓淡，也可被其他色彩改变，但其他色彩却混制不出白色。或许这就是所谓的“无为有处有还无”吧！象牙是一种天然的材质，白中微黄，以其匀净、细腻的质地很早就深受古人的青睐。此商代象牙杯，周身镶嵌绿松石，颇有青铜韵味，因历经沧桑而色彩斑驳，但观之仍可让人想见当初绿白交错的夺目光彩。

明·象牙雕岁寒三友笔筒

故宫博物院藏

二日

唐褚遂良书
雁塔圣教序记

星期一

世界人居日
国际非暴力日

四日中秋·八日寒露

农历丁酉年·八月十三

◎ 这件笔筒质地洁白细腻，线刻松、竹、梅“岁寒三友”以及兰草、赏石，并刻唐人李白《山中问答》诗一首——问余何事栖碧山，笑而不答心自闲。桃花流水窅然去，别有天地非人间。

清·象牙雕渔樵图笔筒

故宫博物院藏

三日

北魏张猛龙碑

星期二

今日三候水始涸

农历丁酉年 · 八月十四

◎ 这件象牙笔筒采用高浮雕手法表现山林溪桥之间，渔樵耕读淡然处世之态。

清 · 象牙雕月曼清游图册

故宫博物院藏

中秋

宋徽宗书千字文

星期三

世界动物日

今日中秋 · 八日寒露

农历丁酉年 · 八月十五

◎《月曼清游图册》是清代画家陈枚表现宫闱四时起居的宫廷绘画名作。而同名象牙雕刻则为陈祖章等牙雕名匠据此而作的工艺精品，综合运用了染牙雕刻、百宝镶嵌等技艺，象牙细白温润，百宝诸色纷呈，达到了与原作异曲同工的艺术效果。

清·象牙镂雕香筒

故宫博物院藏

五日

隋龙藏寺碑

星期四

八日寒露 · 廿三霜降

农历丁酉年 · 八月十六

◎ 香筒，为古人盛放鲜花或焚香所用器物。筒身镂刻花纹，既美观精巧，又可透散香气。这件香筒，将镂雕工艺发挥得淋漓尽致，可谓实用与装饰的完美结合。

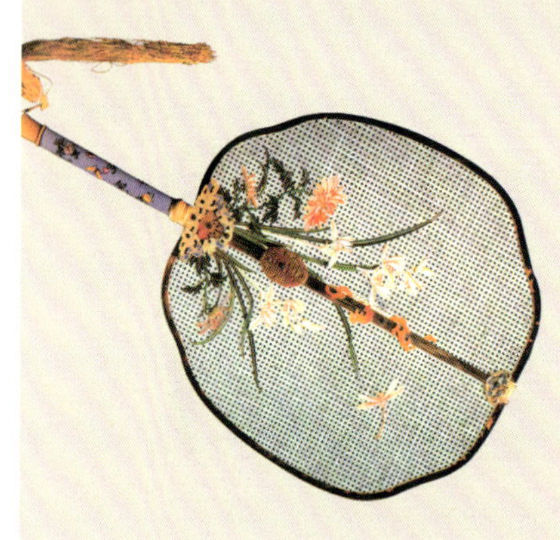

清 · 象牙丝编织团扇

故宫博物院藏

秦石鼓文

星期五

八日寒露 · 廿三霜降

农历丁酉年 · 八月十七

◎　此扇以象牙丝编制而成，上嵌雕刻并染色的兰、菊、蜻蜓造型饰件，成为一件既可纳凉实用、也承载了传统工艺并发挥装饰功能的工艺精品。

清·象牙雕万寿菊

故宫博物院藏

七日

史晨前碑

星期六

明日寒露 · 廿三霜降

农历丁酉年 · 八月十八

◎　除了雕成各类器皿之外，原只象牙往往也可依形就势进行雕刻。此件象牙即由晚清广东作坊雕刻而成，遍身盛开的菊花，又不离其象牙本身的总体造型。

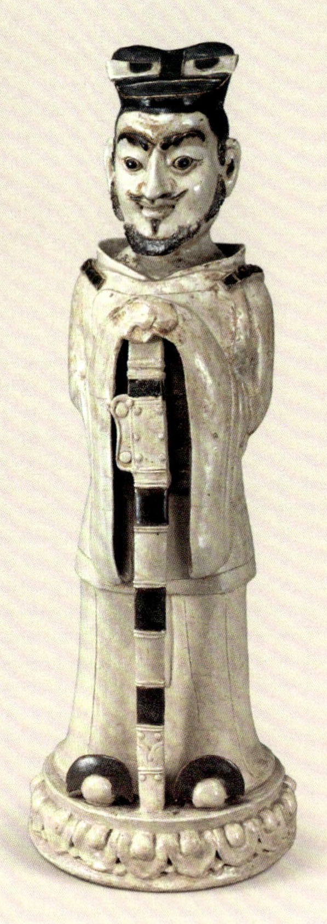

隋 · 白釉吏俑
河南博物院藏

宋米芾苕溪诗卷

星期日

全国高血压日

今日寒露 · 一候鸿雁来宾

农历丁酉年 · 八月十九

◎　初现于北朝的白瓷，自隋代开始逐渐普及，后世名窑层出不穷，各专其美。而以白瓷制作的陪葬俑人仍然较为少见。此俑遍身施灰白釉，须眉冠带等处略施黑彩。

隋 · 白釉龙柄鸡首壶

中国国家博物馆藏

晋王羲之兰亭序帖

星期一

世界邮政日

廿三霜降 · 廿八重阳

农历丁酉年 · 八月二十

◎ 出土于隋李静训墓的文物，大多体现了外来元素与中原本土特征相融合的特点。此壶基本造型来源于两晋时流行的青瓷鸡首壶，而形体大大拉长，颇有域外之风。

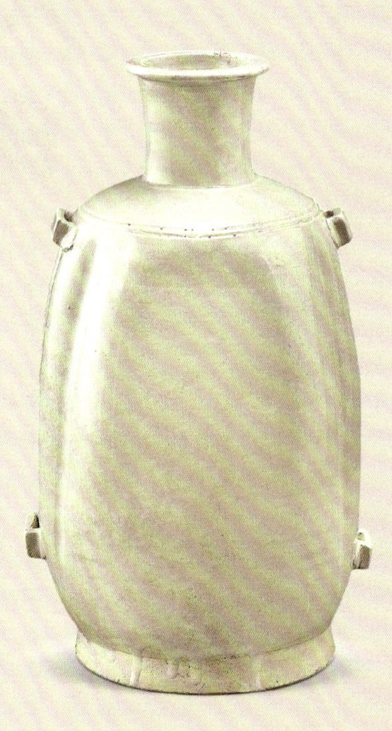

五代 · 邢窑白釉穿带壶
上海博物馆藏

十日

宋拓智永真草
千字文

星期二

世界精神卫生日
辛亥革命纪念日

廿三霜降 · 廿八重阳

农历丁酉年 · 八月廿一

◎ 唐代，邢窑白瓷是与越窑青瓷齐名的瓷器名品，此壶釉色匀净，如银似雪，堪称邢窑白瓷中的代表。而穿带壶的造型，又深受游牧民族生活习惯的影响。

辽 · 白釉提梁皮囊形壶
内蒙古阿鲁科尔沁旗文物管理所藏

十一

汉礼器碑

星期三

廿三霜降 · 廿八重阳

农历丁酉年 · 八月廿二

◎　出土于赤峰耶律羽墓的这件瓷壶，在造型和细节上都逼真地模仿了契丹民族马上所用器物皮囊壶，带有强烈的草原传统装饰风格。

北宋·定窑白釉刻花海波纹海螺

定州市博物馆藏

十二

隋苏慈墓志

星期四

廿三霜降·廿八重阳

农历丁酉年·八月廿三

◎ 定窑白瓷，始烧于唐而盛于北宋。此螺为河北定州静志寺塔地宫所出佛前供器中的一件，釉色纯净透亮，造型独特。白色海螺为佛教吉祥八宝之一，象征佛法音闻四方。

北宋 · 定窑白釉刻花净瓶
定州市博物馆藏

不空和尚碑

星期五

中国少先队建队日

今日二候雀入大水为蛤

农历丁酉年·八月廿四

◎ 净瓶为与前页瓷海螺同出一处的佛前供器，顶部为覆斗状，流作龙首形，瓶肩、瓶腹均以莲瓣刻画为装饰，造型优美，做工精良。

金·定窑白釉印花龙纹盘
上海博物馆藏

十四

唐欧阳询书
九成宫醴泉铭

星期六

廿三霜降·廿八重阳

农历丁酉年·八月廿五

◎　此盘胎体轻薄，盘中龙纹繁而不乱，层层云纹规整而逼真，为典型的定窑印花器物。

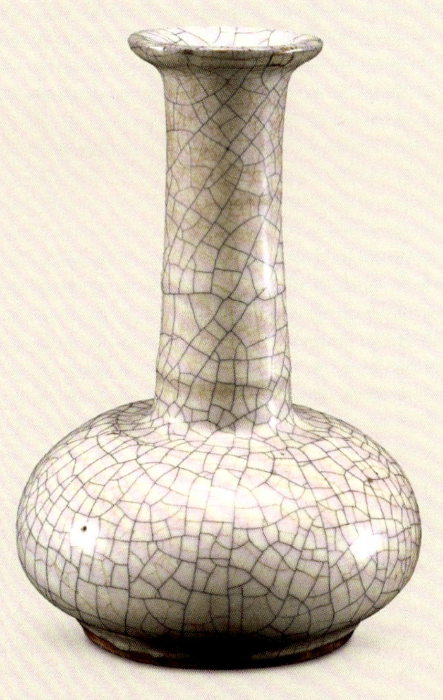

北宋 · 哥窑青瓷弦纹瓶

故宫博物院藏

玄堂帖

星期日

国际盲人节

世界洗手日

廿三霜降 · 廿八重阳

农历丁酉年 · 八月廿六

◎ 哥窑釉色清浅，多有开片纹作为天然的装饰。此瓶表面就遍布紫黑色裂纹和金黄色细纹，即所谓“金丝铁线”开片纹，具有一种独特的美感。

宋·定窑白瓷孩儿枕
故宫博物院藏

十六

汉西狭颂

星期一

世界粮食日

廿三霜降 · 廿八重阳

农历丁酉年 · 八月廿七

◎ 定窑器物充满民间趣味，但审美水平与御用诸窑相比却毫不逊色。此枕所采用的俯卧孩儿的造型，既能充分发挥其作为实用器的功能，也颇具美感，匠心独运。

北宋·影青瓷刻花犬钮盖注子
安徽省博物馆藏

元赵孟頫书胆巴碑

星期二

国际消除贫困日

廿三霜降·廿八重阳

农历丁酉年·八月廿八

◎ 注子是饮酒时用于盛酒、倒酒的容器，而温碗则是与之配套、用以盛放热水温酒的器物。温碗被塑造成莲花形，与注子肩部的莲花纹两相呼应，也为宋人的日常生活更添风雅。

元·影青瓷僧帽壶

首都博物馆藏

十八

唐贺知章书孝经

星期三

今日三候菊有黄华

农历丁酉年·八月廿九

◎　僧帽壶因壶口造型似僧帽而得名。此壶白中泛青，为典型的影青瓷佳器。

明永乐 · 景德镇窑甜白釉锥花缠枝莲梅瓶

故宫博物院藏

十九

唐寅落花诗册

星期四

廿三霜降·廿八重阳

农历丁酉年·八月三十

◎ 梅瓶因其瓶颈窄小仅容梅枝而得名。甜白釉则以其釉色温润肥腴、甜美柔和而著称。此瓶兼有二美，瓶上花纹隐现，与釉色相得益彰。

明 · 德化窑何朝宗款瓷观音像

重庆市博物馆藏

廿日

怀仁集王书圣教序

星期五

世界统计日

廿三霜降·廿八重阳

农历丁酉年·九月初一

◎ 福建德化窑白瓷釉色纯净，有“象牙白”之美誉，并以小型佛道造像瓷塑见长。何朝宗为晚明德化窑名匠，“何朝宗款”瓷塑堪称德化窑白瓷中的代表性佳作。

明·德化窑何朝宗款白釉达摩立像

故宫博物院藏

廿一

唐柳公权书玄秘塔碑

星期六

廿三霜降 · 廿八重阳

农历丁酉年 · 九月初二

◎ 此件达摩像表现天竺高僧达摩一苇渡江的传说，人物造型准确，神情生动，脚下波涛苇叶质感逼真，为德化窑瓷塑中的传世佳作。

良渚文化·玉兽面纹琮
南京博物院藏

唐欧阳询书化度寺碑

星期日

世界传统医药日

明日霜降 · 廿八重阳

农历丁酉年 · 九月初三

◎ “君子比德于玉”，四五千年之前的良渚文化，便以各种玉料制成造型独特的玉琮，作为敬天礼地的礼器，用于祭祀。这件玉琮以白色的透闪石即通常所称软玉制成，表面雕刻细腻精美。

商·玉兽面纹刻铭戈
甘肃庆阳市博物馆藏

廿三

宋拓天发神谶碑

星期一

今日霜降 · 一候豺乃祭兽

农历丁酉年 · 九月初四

◎ 戈是征战杀伐之器，通常以青铜铸造。玉戈取其形而为仪仗之用。此戈玉质乳白，造型洗练，其中一面刻有篆书“乍册吾”三字，出土于甘肃庆阳，或为当地方国与中原之间交往所得。

春秋 · 兽面纹玉牌饰

河南博物院藏

汉乙瑛碑

星期二

联合国日
世界发展信息日

廿八重阳 · 七日立冬

农历丁酉年 · 九月初五

◎　这件牌饰色泽洁白，结合了兽面、蟠螭与云纹的纹饰，既富有装饰性，也颇具神秘色彩。

西汉 ·“皇后之玺”玉印
陕西历史博物馆藏

廿五

唐柳公权书神策军碑

星期三

抗美援朝纪念日

廿八重阳·七日立冬

农历丁酉年·九月初六

◎ 此印以质地洁白莹润的新疆和阗白玉制成，方形，虎钮，印面阴刻篆书“皇后之玺”四字，传为西汉吕后遗物。

西汉 · 玉兽首衔璧饰
西汉南越王墓博物馆藏

唐颜真卿书多宝塔碑

星期四

廿八重阳·七日立冬

农历丁酉年·九月初七

◎ 这件玉饰采用一块玉料镂雕为套链活环的方式雕刻，工艺精湛，造型瑰丽，原本的青玉质地在经过常年侵蚀后呈鸡骨白，体现出别样的艺术效果。

西汉 · 玉羽人奔马
咸阳博物馆藏

廿七

麻姑仙坛记

星期五

世界音像遗产日

明日重阳 · 七日立冬

农历丁酉年 · 九月初八

◎ 以新疆和阗白玉雕刻而成的这件羽人奔马，出土于汉元帝渭陵附近，造型别致，雕琢精美。马匹壮硕，踏云而行，动态自然。马背上手持芝草的羽人，体现了汉代盛行的道家升仙思想。

东汉 · 神兽纹玉樽

湖南安乡县文物管理所藏

重陽

唐李邕书麓山寺碑

星期六

义务助老活动日

今日重阳 · 二候草木黄落

农历丁酉年 · 九月初九

◎　此樽为白玉所制，樽体圆柱形，两耳三足，外壁雕异兽仙人错落于云气之间，颇具浪漫主义色彩。虽为东汉之物，却出自西晋墓葬，可见当时已被视为珍宝。

隋·金扣玉盏
中国国家博物馆藏

廿九

蜀素帖

星期日

七日立冬·十八寒衣节

农历丁酉年·九月初十

◎　出土于李静训墓的此盏，以白色玉料雕琢而成，光素无纹，但口沿所镶金边，在色彩上堪称点睛之笔。

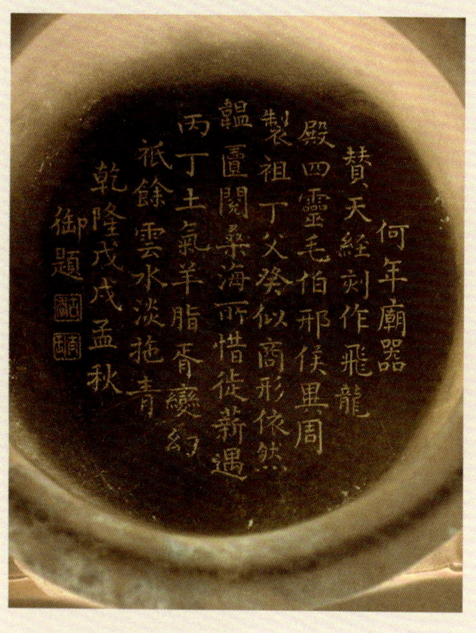

宋·兽耳云龙纹玉炉

故宫博物院藏

卅日

北魏张玄墓志

星期一

七日立冬·十八寒衣节

农历丁酉年·九月十一

◎　此炉白中泛青，造型端庄。外壁在工字锦地上浮雕三爪升龙，内底刻有清乾隆帝御制诗。炉外表面有经火之痕，使其身世令人猜度。

清嘉庆 · 玉提梁壶
故宫博物院藏

伏审帖

星期二

七日立冬·十八寒衣节

农历丁酉年·九月十二

◎ 此壶以白玉制成，壶体作瓜棱形，造型饱满，壶流雕为羊首形，生动而巧妙，以三柄如意为造型的提梁则以铜胎掐丝珐琅单独制作而成，美观且富有吉祥寓意。乾嘉时期，宫中所造玉器数以万计，而此壶玉质之纯美、造型之精巧，堪称翘楚。

國寶 2017 古色華彩 | 冬墨五彩

十一月

November

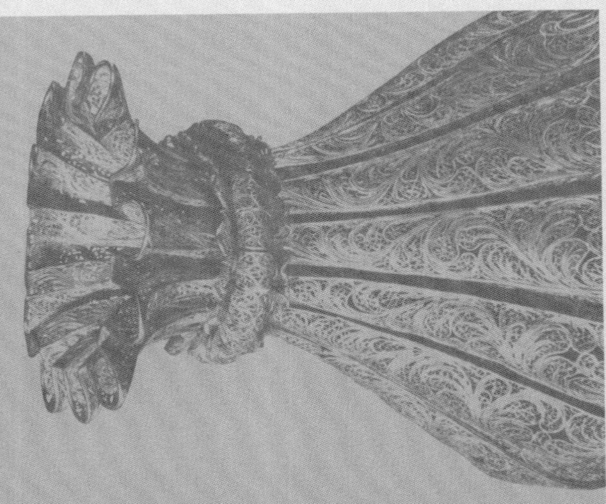

唐 · 狩猎纹高足银杯
陕西历史博物馆藏

一日

唐灵飞经

星期三

七日立冬·十八寒衣节

农历丁酉年·九月十三

◎ 银，色白而耀眼，不但长期充当一般等价物，更常常与金搭配充当装饰材料。唐宋时期，白银越来越多地被制成日用器皿。何家村窖藏金银器中，有诸多工艺精湛、装饰华美的银质器皿，在艺术效果上并不逊于黄金。

唐 · 舞马衔杯纹银壶

陕西历史博物馆藏

二日

唐褚遂良书
雁塔圣教序记

星期四

今日三候蛰虫咸俯

农历丁酉年·九月十四

◎　出自何家村窖藏的此壶以游牧民族的皮囊壶为原型，壶身两侧饰以舞马衔杯纹并鎏金，金银交辉，尽显盛唐奢华。

唐 · 花鸟纹八棱银杯
陕西历史博物馆藏

三日

北魏张猛龙碑

星期五

七日立冬 · 十八寒衣节

农历丁酉年 · 九月十五

◎ 此杯八棱敞口，与同一出处的舞伎八棱金杯（参见8月13日图）造型相仿，皆来自西域。而外壁刻折枝花鸟，以繁密的鱼子纹作地，倍显精工。

唐 · 三层五足银薰炉

陕西历史博物馆藏

四日

汉张迁碑

星期六

七日立冬·十八寒衣节

农历丁酉年·九月十六

◎　此炉同样出于何家村窖藏，分为顶盖、笼和炉三段，下以五足承托，造型优美。顶部的盖子和中部的笼壁均透雕云纹，简洁而华美。

宋·银瓶

四川博物院藏

五日

隋龙藏寺碑

星期日

国际科学与和平周

七日立冬·十八寒衣节

农历丁酉年·九月十七

◎ 宋代，银质日用器皿的使用较唐代更为普遍，器形也更为本土化。此瓶以如意纹为饰，与同时代瓷质酒具造型相仿。

宋·银壶
四川博物院藏

秦石鼓文

星期一

国际科学与和平周

明日立冬 · 十八寒衣节

农历丁酉年 · 九月十八

◎ 此壶直颈长流，造型典雅，猜想应有配套的温碗盛放壶身，用以隔水温酒。

宋·海兽纹银圆盘
四川遂宁县出土

七日

史晨前碑

星期二

国际科学与和平周

今日立冬·一候水始冰

农历丁酉年·九月十九

◎ 宋代经济发达，生活富庶。四川发现的诸多宋末窖藏金银器、瓷器，向世人展现了千年前的宋人风雅。出土于遂宁的此盘平底折沿，盘沿锤刻折枝花果，盘底中心刻莲蓬，周围则锤饰为汹涌浪涛，龟、象等异兽隐现其中。

宋·花卉纹银六角盘

四川遂宁县出土

宋米芾苕溪诗卷

星期三

记者节

国际科学与和平周

十八寒衣节·廿二小雪

农历丁酉年·九月二十

◎ 此盘口沿与盘底均作六曲菱花形，盘底线刻枝枝花卉，生动美观。

辽 · 鎏金银鸡冠壶
中国国家博物馆藏

晋王羲之兰亭序帖

星期四

中国消防宣传日
国际科学与和平周

十八寒衣节 · 廿二小雪

农历丁酉年 · 九月廿一

◎ 鸡冠壶为契丹等草原民族马上所用皮囊壶形制。此壶仿鸡冠壶而以银片锤鍱成形，表面錾刻纹饰并鎏金，上承唐风。

辽·鎏金银壶
内蒙古赤峰市文物工作站藏

十日

宋拓智永真草
千字文

星期五

国际科学与和平周

十八寒衣节·廿二小雪

农历丁酉年·九月廿二

◎ 此壶略呈椭圆形，壶腹装饰摩羯纹，辽代特色鲜明。

辽·鎏金银鞍饰
内蒙古赤峰市文物工作站藏

十一

汉礼器碑

星期六

国际科学与和平周

十八寒衣节·廿二小雪

农历丁酉年·九月廿三

◎ 辽代贵族墓多出土银鞍饰。此套鞍饰錾錾双龙戏珠等纹饰，精美华丽。

元·银盒

无锡博物院藏

隋苏慈墓志

星期日

孙中山诞辰纪念日

今日二候地始冻

农历丁酉年·九月廿四

◎ 金银器皿的造型纹饰，时常从陶瓷、漆器等借鉴而来。此盒便是以如意云纹的漆盒为原型制作，与后者颇有异曲同工之妙。

元 · 银瓶

无锡博物院藏

十三

不空和尚碑

星期一

十八寒衣节 · 廿二小雪

农历丁酉年 · 九月廿五

◎ 此瓶以宋元瓷器中常见的玉壶春瓶为原型，造型优美，线条流畅。

元 · 银罐

无锡博物院藏

十四

唐欧阳询书
九成宫醴泉铭

星期二

世界防治糖尿病日

十八寒衣节·廿二小雪

农历丁酉年·九月廿六

◎ 此罐直口折肩，斜腹平底。值得一提的是，冠盖以荷叶为造型，不但叶片、叶脉皆备，盖钮也做成弯曲的叶柄，颇具巧思。

元 · 银匜

无锡博物院藏

玄堂帖

星期三

十八寒衣节 · 廿二小雪

农历丁酉年 · 九月廿七

◎ 匜为上古青铜盥洗礼器，后世多有仿制，或瓷或银，寓崇古之意。此匜为银制。

元·银渣斗

无锡博物院藏

汉西狭颂

星期四

国际宽容日

十八寒衣节·廿二小雪

农历丁酉年·九月廿八

◎　这件渣斗与前几日所展示的元代银器皆出土于无锡钱裕墓。钱裕为五代十国钱缪之后，宋末元初人，其墓葬中丰富的随葬品反映了当时的生活习惯和审美风尚。

元·梵文银盘

镇江博物馆藏

元赵孟頫书胆巴碑

星期五

世界学生日

今日三候雉入大水为蜃

农历丁酉年·九月廿九

◎ 此盘以莲花、降魔杵为饰，莲瓣内压印梵文，宗教色彩浓郁。

元 · 蟠螭银盏

镇江博物馆藏

十八

唐贺知章书孝经

星期六

今日寒衣节 · 廿二小雪

农历丁酉年 · 十月初一

◎　此盏直口圆腹，下接圈足，外壁以蟠螭为饰，兼作盏柄，构思巧妙而颇具古意。

元·银架

苏州博物馆藏

唐寅落花诗册

星期日

世界厕所日

廿二小雪 · 二日下元

农历丁酉年 · 十月初二

◎ 此架为元代张士诚父母合葬墓所出，用于承放铜镜，装饰华丽，构造精巧。

元·银奁

苏州博物馆藏

廿日

怀仁集王书圣教序

星期一

廿二小雪·二日下元

农历丁酉年·十月初三

◎ 银奁平面呈六瓣葵花形，上下三层，内置梳妆用具，造型典雅而实用。

元·银槎

故宫博物院藏

唐柳公权书玄秘塔碑

星期二

世界问候日
世界电视日

明日小雪 · 二日下元

农历丁酉年 · 十月初四

◎　此槎为善制银器的工匠朱碧山所制，刻画仙人乘槎，人物造型生动，槎身苍老逼真，为元代银器中的绝品。

明·银锺

湖北省博物馆藏

廿二

唐欧阳询书化度寺碑

星期三

今日小雪 · 一候虹藏不见

农历丁酉年 · 十月初五

◎ 此锺造型独特，向内微凹的锺壁急收至底，外壁伸出灵芝一枝，上嵌红宝石一颗，既是实用的锺柄，又是优美的装饰。

明 · 银盒

湖北省博物馆藏

廿三

宋拓天发神谶碑

星期四

感恩节

二日下元 · 七日大雪

农历丁酉年 · 十月初六

◎ 此盒被塑造为八瓣瓜形，盒盖顶端的盖钮则是一只长尾小鼠，构思巧妙，令人忍俊不禁。

南明·银鼎

湖南怀化地区文物工作队藏

廿四

汉乙瑛碑

星期五

二日下元·七日大雪

农历丁酉年·十月初七

◎ 此鼎仿商周青铜器造型，鼎身錾刻云鹤纹，其下三足线条流畅，庄重而不失轻盈。

南明 · 银盘

湖南怀化地区文物工作队藏

唐柳公权书神策军碑

星期六

国际素食日
消除对妇女的暴力行为国际日

二日下元·七日大雪

农历丁酉年·十月初八

◎ 此盘平面为六曲葵花形，盘底中央浮雕仰莲，内底錾刻“寿”字，莲花之外饰以飞凤花卉，并錾刻文字，说明此盘当为寿礼。

南明 · 银爵

湖南怀化地区文物工作队藏

廿六

唐颜真卿书多宝塔碑

星期日

二日下元 · 七日大雪

农历丁酉年 · 十月初九

◎ 此爵脱胎于商周青铜器造型，却又在装饰纹样和轮廓线条上大异其趣，体现出明末的审美趣味。

南明 · 蟠桃银杯

南京博物院藏

廿七

麻姑仙坛记

星期一

今日二候天气升地气降

农历丁酉年·十月初十

◎ 此杯以剖开的半个桃子为造型，桃枝、桃叶为杯柄，与传世紫砂桃杯相类。

清·银累丝花瓶

故宫博物院藏

廿八

唐怀素自叙帖

星期二

二日下元 · 七日大雪

农历丁酉年 · 十月十一

◎ 此瓶以银丝分瓣累制，再焊合成形，花纹繁复而玲珑，为清代花丝工艺佳作。

清乾隆·银经匣
故宫博物院藏

廿九

蜀素帖

星期三

二日下元 · 七日大雪

农历丁酉年 · 十月十二

◎　经匣呈拱形，表面錾刻云龙纹、缠枝莲纹、缠枝八宝纹与佛传故事图案，为乾隆年间厄鲁特蒙古族工匠所制。

清乾隆 · 银提梁壶
故宫博物院藏

卅日

北魏张玄墓志

星期四

二日下元 · 七日大雪

农历丁酉年 · 十月十三

◎ 此壶为清乾隆朝制品，提梁造型独特，纹饰优美精细。壶颈刻松树葡萄，上腹部刻云龙纹，腹部刻画对弈、饮酒等高士图景，黑色的刻线在银白的壶体衬托下尤为鲜明。

國寶 2017 古色華彩 — 冬墨五彩

十二月

December

仰韶文化·鹰形黑陶尊
中国国家博物馆藏

一日

唐灵飞经

星期五

世界艾滋病日

明日下元 · 七日大雪

农历丁酉年 · 十月十四

◎ 远古时期，除黄、红、褐兼有的彩陶，黑陶也出现了。鹰形黑陶尊，造型敦厚雄健，质地细腻，打磨光滑，是早期黑陶的代表。20世纪50年代，陕西农民殷思义无意中挖出了这件黑陶，用于喂鸡，经考古人员宣传，认识到其文物价值，遂将之献出，后归藏中国国家博物馆。

龙山文化·蛋壳黑陶高柄杯
山东省文物考古研究所藏

唐褚遂良书
雁塔圣教序记

星期六

全国交通安全日

今日下元·三候闭塞成冬

农历丁酉年·十月十五

◎　20世纪初，一批以磨光黑陶为主要代表的实物遗存在山东章丘被发现。与仰韶文化大异其趣的这一遗存被命名为“龙山文化”。这些质地匀净、表面光滑且胎体轻薄的黑陶，充分体现了龙山文化先民高超的制陶工艺和独特的审美追求。

东汉·黑釉罐

镇江博物馆藏

北魏张猛龙碑

星期日

国际残疾人日

七日大雪 · 廿二冬至

农历丁酉年 · 十月十六

◎ 瓷器的产生和日渐流行，带来了远比陶器更多的色彩品类。黑釉，与长期流行的青釉大异其趣。而多样的装饰，更使其黑中带彩，变幻莫测。

东晋·德清窑黑釉四系壶
上海博物馆藏

汉张迁碑

星期一

中国宪法日

七日大雪·廿二冬至

农历丁酉年·十月十七

◎ 浙江德清窑被视为“青瓷之源”。此处所出黑釉瓷器，也颇引人注目。这件四系壶便是其中佳作。

唐·鲁山窑花釉腰鼓
故宫博物院藏

五日

隋龙藏寺碑

星期二

国际志愿人员日

七日大雪 · 廿二冬至

农历丁酉年 · 十月十八

◎ 以黑釉为底，蓝、褐、月白诸色斑纹为饰的唐代花釉，是钧窑前身，亦称“花钧”。河南鲁山窑出产了诸多此类器物。这件黑中蕴彩、斑斓多变的腰鼓，便是其中的典型代表。

唐·鲁山窑黑釉月白斑双系罐
上海博物馆藏

秦石鼓文

星期三

明日大雪·廿二冬至

农历丁酉年·十月十九

◎ 这件双系罐，亦为鲁山窑制品。月白色的斑纹，在黑釉底色映衬下，显出别样的装饰美感。

南宋·吉州窑黑釉木叶纹碗

江西省博物馆藏

七日

史晨前碑

星期四

国际民航日

今日大雪 · 一候鹖鴠不鸣

农历丁酉年 · 十月二十

◎ 与较为普遍的绘画装饰不同，江西吉安吉州窑的黑釉瓷器往往以木叶为饰。在黑色底釉之上，以天然叶脉覆盖而形成的浅色纹饰，自然而鲜明，体现了天工与匠作的巧妙结合。

南宋·吉州窑剪纸贴花三凤纹碗
天津博物馆藏

节

宋米芾苕溪诗卷

星期五

廿二冬至 · 一日元旦

农历丁酉年 · 十月廿一

◎ 除了使用天然木叶为饰，剪纸贴花也是吉州窑器物重要的装饰手法。此碗内底三凤翱翔，深浅分明，既是陶瓷装饰手法的独创之作，也成为古代剪纸发展的重要物证。

宋·建窑黑釉兔毫盏

故宫博物院藏

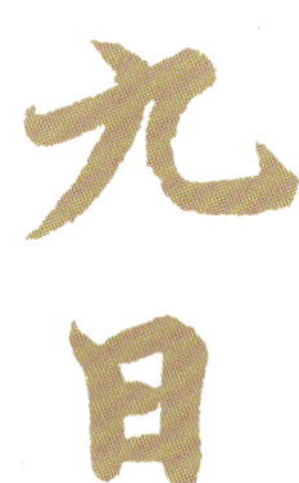

晋王羲之兰亭序帖

星期六

国际反腐败日

“一二·九”运动纪念日

廿二冬至 · 一日元旦

农历丁酉年 · 十月廿二

◎　黑釉兔毫盏，流行于宋代，烧制于福建建阳的建窑，其在烧制时釉料会流动分层，冷却时析出赤铁矿晶体，进而形成类似于兔毫的纹理。文理白、褐交杂，变幻莫测，以致宋徽宗在《大观茶论》中对兔毫盏推崇备至，“盏色贵黑青，玉毫条达者为上，取其焕发彩色也”。

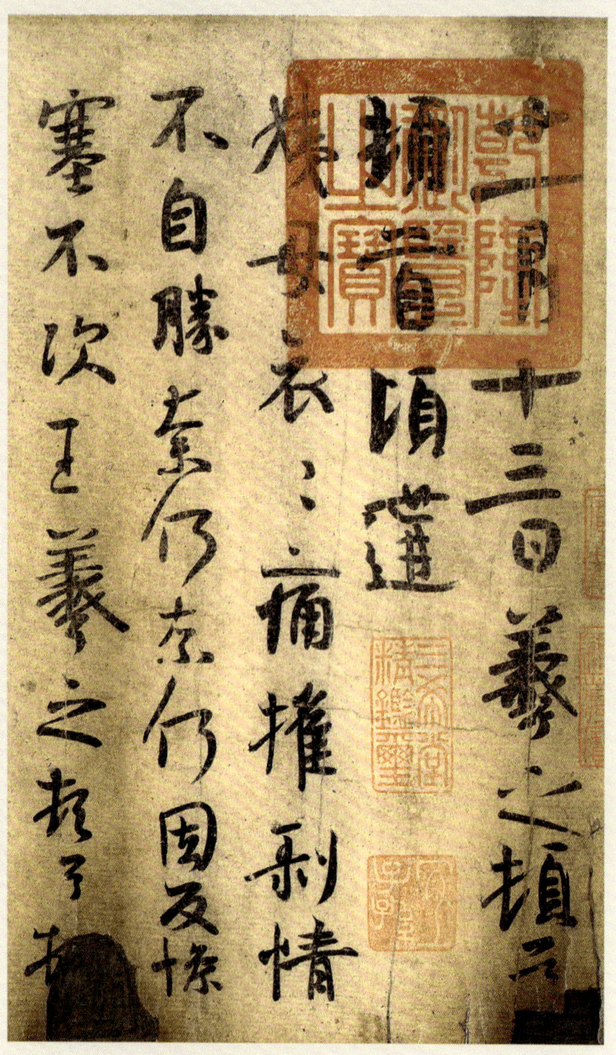

东晋 · 王羲之 · 姨母帖（部分）
辽宁省博物馆藏

宋拓智永真草
千字文

星期日

世界人权日

廿二冬至 · 一日元旦

农历丁酉年 · 十月廿三

◎　纸绢和笔墨的发明，标志着中国古代文明走上了新的台阶。当黑色墨迹在白色或微黄的纸绢上划过，龙飞凤舞，两色分明，也造就了中国的书法艺术。尽管流传至今的名家墨迹，多是几经摹写的临本，不一定能传达原作的精神，但传承过程本身，已足以让人动容。

天下是其雄也屈身於陛下是其略也帝

封權[illegible]登年幼上書辭封重

[illegible]況新附并職方物立登為[illegible]

元年春正月陸遜部將軍宋謙等攻蜀

皆破斬其將三月鄱陽言黃龍見蜀[illegible]

據險地前後五十餘營遜隨其輕重以[illegible]

距之自正月至閏月大破之臨陣所斬及投[illegible]

首數萬人劉備奔走僅以身免初權[illegible]

[illegible]託事魏誠心不款魏乃遣侍中辛毗尚書

东晋 · 佚名 · 《三国志》残卷

新疆维吾尔自治区博物馆藏

十一

汉礼器碑

星期一

国际山岳日

廿二冬至 · 一日元旦

农历丁酉年 · 十月廿四

◎ 与那些盛名之下的书圣巨迹相比，因自然、历史环境等诸多因素得以幸存至今的隋唐、北朝乃至东晋卷轴，虽无盛名，却保留了更多早期书法毫无矫饰的原初面貌。当初基于文化记录与传播目的的抄写本身，也成就了文明的传承。

法華大智論

問曰所謂菩薩般若波羅蜜義諸觀義上已
問今何以更問荅曰先已荅大樹喻非一所
可斷是事難故更問復次是般若波羅蜜有
无量義如曇无竭品中說般若波羅蜜如大
海水无量如須彌山種種嚴飾是故問又此
問雖同荅義種種異復次諸佛斷法愛不立
經書亦不莊嚴言語但為憐濟眾生隨應度
者說如大清涼美池无量眾生前後來飲各

隋·佚名·法华大智论（部分）
安徽省博物馆藏

隋苏慈墓志

星期二

西安事变纪念日

今日二候虎始交

农历丁酉年 · 十月廿五

◎ 在很大程度上，宗教的传播在历史上是文明传承的重要动因。虔诚的无名者所抄写的宗教经典，既是宗教传播的重要物证，也成为书法流变的客观记载。

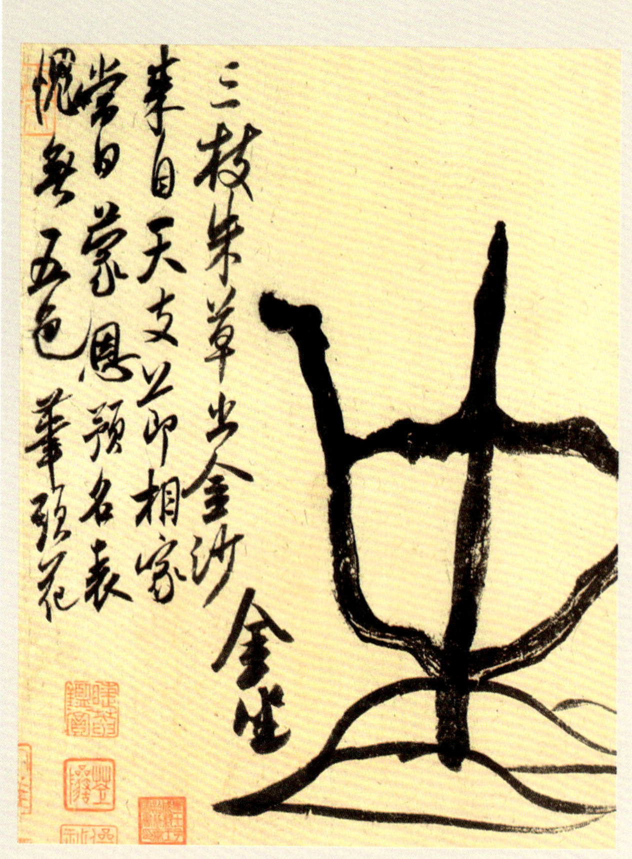

北宋 · 米芾 · 珊瑚帖（部分）

故宫博物院藏

十三

不空和尚碑

星期三

南京大屠杀纪念日

廿二冬至 · 一日元旦

农历丁酉年 · 十月廿六

◎ 书画兼能的宋人米芾，史称“米癫”。此帖中的笔走龙蛇，或可让人对其“癫”领略一二。而帖中信笔而就的珊瑚笔架，也算是米氏难得的画迹了。

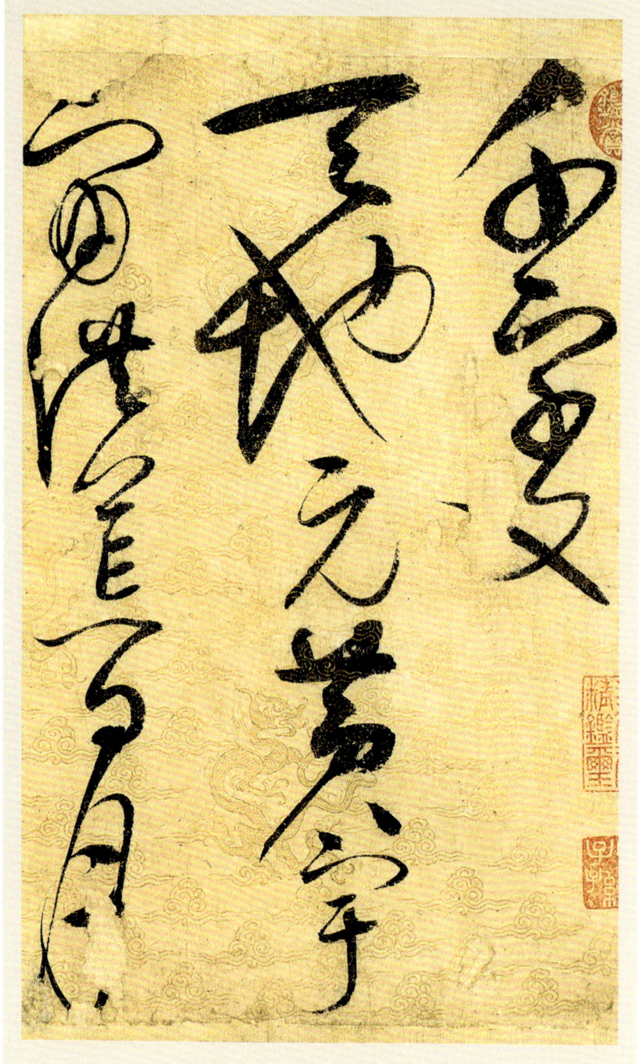

北宋 · 赵佶 · 千字文（部分）
辽宁省博物馆藏

十四

唐欧阳询书
九成宫醴泉铭

星期四

廿二冬至 · 一日元旦

农历丁酉年 · 十月廿七

◎　北宋的末世君王宋徽宗赵佶，拙于政事，却书、画皆工。由其开创的瘦金体，妇孺皆知，尽显潇洒挺秀的皇家气度。而其并不多见的行、草，也与文人笔下的狂放不羁有所不同。

般若波羅蜜多心經
觀自在菩薩行深般若波羅蜜
多時照見五蘊皆空度一切苦厄
舍利子色不異空空不異色色即
是空空即是色受想行識亦復
如是舍利子是諸法空相不生不滅
不垢不淨不增不減是故空中無
色無受想行識無眼耳鼻舌身

元 · 赵孟頫 · 行书《般若波罗蜜多心经》
辽宁省博物馆藏

玄堂帖

星期五

世界强化免疫日

廿二冬至 · 一日元旦

农历丁酉年 · 十月廿八

◎　赵宋世家赵孟頫，因其出仕元蒙而遭后人非议。其书法作品也被人诟病为“甜”、“媚”之作。然而，抛开家国大义的争论，其作品本身难道不是对中国书法之美，乃至中华文化的承前启后吗？

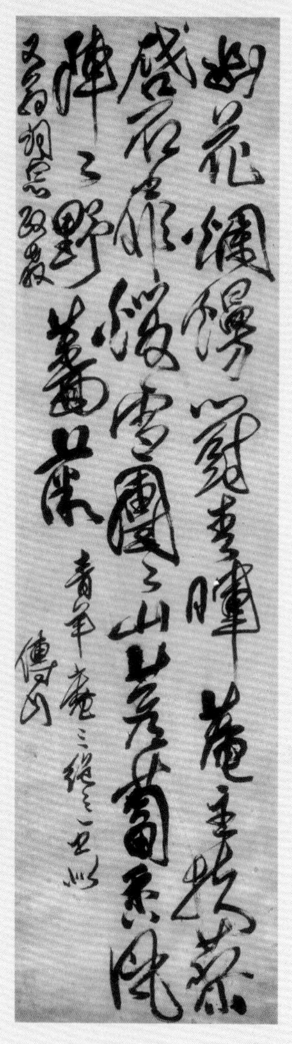

清 · 傅山 · 草书《青羊庵七言绝句》

北京市文物局藏

汉西狭颂

星期六

廿二冬至 · 一日元旦

农历丁酉年 · 十月廿九

◎ 清人傅青主工草书。其笔走龙蛇的挥洒之作，在承继晋人笔墨的同时，更将中国书法的黑白布局推向了新的高度。

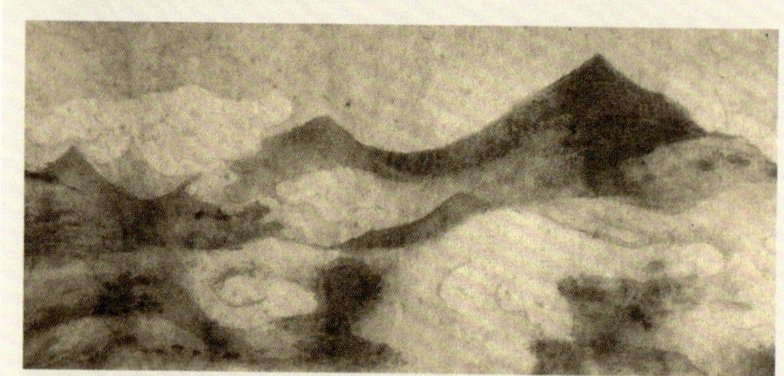

宋 · 米友仁 · 潇湘奇观图卷（部分）
故宫博物院藏

元赵孟頫书胆巴碑

星期日

今日三候荔挺出

农历丁酉年·十月三十

◎ 与实用功能的书法相比，水墨绘画更多地体现了黑白布局的艺术匠心，米氏云山便是代表。但彪炳史册的“大米”米芾画作今已难觅踪影了。还好，作为其直接传人的“小米”米友仁画作至今尚存。尤其是这卷《潇湘奇观图》，满卷墨气淋漓，足以让人怀想米氏云山。

宋 · 法常 · 水墨写生图卷（部分）

故宫博物院藏

唐贺知章书孝经

星期一

国际移徙者日

廿二冬至 · 一日元旦

农历丁酉年 · 十一月初一

◎　备受东瀛推崇的宋代释道画，在国内反而留存不多。故宫博物院所藏此卷为国内为数不多的僧人法常传世作品之一。其笔下的花鸟，虽然并无明显的宗教色彩，但笔墨点染之间，也颇具禅意。

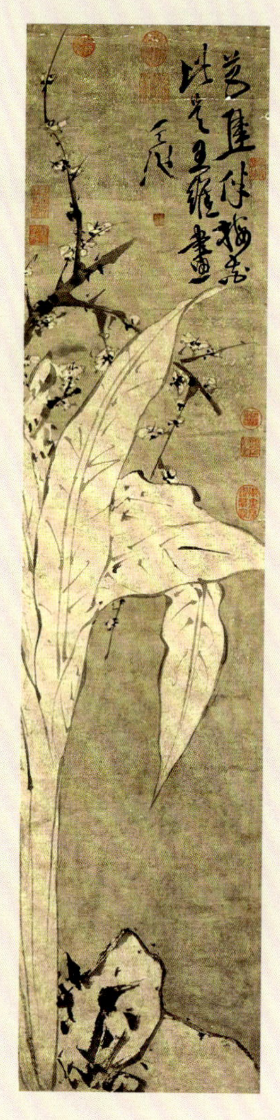

明 · 徐渭 · 梅花蕉叶图轴

故宫博物院藏

十九

唐寅落花诗册

星期二

廿二冬至 · 一日元旦

农历丁酉年 · 十一月初二

◎ 此图用笔酣畅，墨气淋漓，不落窠臼，前无古人，是徐渭所创大写意花鸟画的代表作，充分体现了肇始于宋元的文人绘画在明代的探索与创新。

清·朱耷·鱼石图轴

故宫博物院藏

怀仁集王书圣教序

星期三

澳门回归纪念日
国际人类团结日

廿二冬至 · 一日元旦

农历丁酉年 · 十一月初三

◎ 朱耷为明朝宗室，入清不仕，以僧人之身隐逸山野。作为清初画坛“四僧”之一，其书画作品所署“八大山人”往往被解读为“哭之”、“笑之”之意。而其画中笔墨与留白，也颇值得玩味。

清 · 石涛 · 高呼与可图（部分）

故宫博物院藏

廿一

唐柳公权书玄秘塔碑

星期四

世界篮球日

明日冬至 · 一日元旦

农历丁酉年 · 十一月初四

◎ 石涛与朱耷同列“四僧”，绘画作品的题材与形式则较后者更为多样。“与可”为善画墨竹的宋人文同的字，同样描绘墨竹的此图以《高呼与可》为名，充分体现了作者的恃才放旷与高度自信。

清 · 龚贤 · 溪山无尽图卷（部分）
故宫博物院藏

唐欧阳询书化度寺碑

星期五

今日冬至 · 一候蚯蚓结

农历丁酉年 · 十一月初五

◎ 龚贤为清初“金陵八家”之一，善以水墨写山川树石。此图以变幻无穷的线条与墨点，塑造出山峦起伏、树木掩映、泉瀑迸流的自然之美，也充分体现了中国传统水墨的黑白变幻之美。

清·郑燮·墨竹图（部分）
沈阳故宫博物院藏

宋拓天发神谶碑

星期六

一日元旦·五日小寒

农历丁酉年·十一月初六

◎　墨竹是以黑色的墨在白纸之上刻画竹之枝叶情态的传统绘画题材。黑白相应的画面写实又高于现实，体现出独特的水墨之美。善长这一题材的历代名手层出不穷，其中又以清人郑燮最为知名。其笔下墨竹与“些小吾曹州县吏，一枝一叶总关情”的诗作并传，堪称佳话。

鱼父癸方鼎全形拓
中国文化遗产研究院藏

汉乙瑛碑

星期日

平安夜

一日元旦 · 五日小寒

农历丁酉年 · 十一月初七

◎ 在照相术诞生前，平面拓印是获取金石铭刻的手段之一。有清一代，研究者不再仅满足于获取器物拓印铭文。清嘉道年间所创全形拓，是一门独特的艺术化的传拓形式，在表现器物纹饰、铭文的同时，又将器物造型客观再现。此拓原器为西周早期所制鼎，内壁有“鱼父癸”三字，故名。

彔作辛公簋全形拓

中国文化遗产研究院藏

唐柳公权书神策军碑

星期一

圣诞节

一日元旦·五日小寒

农历丁酉年·十一月初八

◎ 陈介祺善以器形为据，分纸拓印后再行拼合，准确客观再现器物面貌。此拓原器为西周中期所制，现藏于日本京都泉屋博古馆。盖器同铭“彔作辛公”。

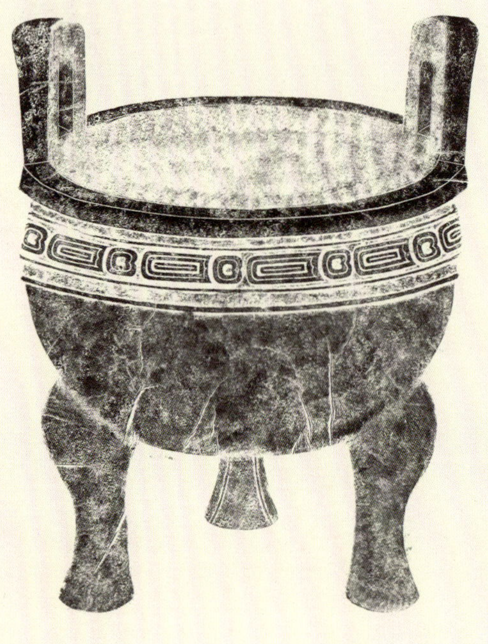

毛公鼎全形拓

中国文化遗产研究院藏

唐颜真卿书多宝塔碑

星期二

毛泽东诞辰纪念日

一日元旦 · 五日小寒

农历丁酉年 · 十一月初九

◎ 此拓原器为西周所制，也是目前所知铭文最长的西周重器，为台北故宫博物院镇馆之宝。陈介祺所制全形拓中，也以毛公鼎拓本最为著名。

格伯作晋姬簋全形拓
中国文化遗产研究院藏

廿七

麻姑仙坛记

星期三

今日二候麋角解

农历丁酉年 · 十一月初十

◎ 全形拓往往以墨色的过渡表现器物的体积感，因而与平面复制的碑帖黑白分明的对比完全不同。此拓原器为西周中期器物，铭“格伯作晋姬”，现藏于故宫博物院。

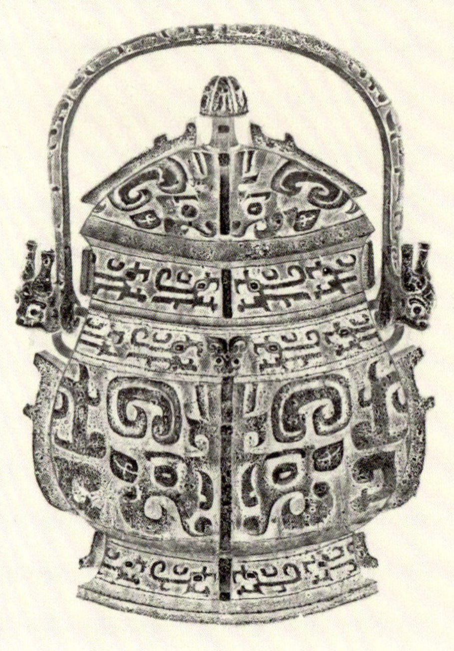

且己父辛卣全形拓

中国文化遗产研究院藏

廿八

唐怀素自叙帖

星期四

一日元旦 · 五日小寒

农历丁酉年 · 十一月十一

◎ 此拓原器为商晚期器物，铭“且己父辛”，器身纹饰华丽，器底有蝉纹，现藏于中国国家博物馆。

亚此牺尊全形拓

中国文化遗产研究院藏

蜀素帖

星期五

一日元旦 · 五日小寒

农历丁酉年 · 十一月十二

◎ 此拓原器为西周早期制品，作乳牛之状，背上原本有盖，但已佚失，此盖为后配。器盖同铭，曾被解读为“此”，但亦有不同观点。

周免旁父丁尊全形拓

中国文化遗产研究院藏

卅日

北魏张玄墓志

星期六

一日元旦·五日小寒

农历丁酉年·十一月十三

◎　此拓原器为西周中期制品，现藏日本东京出光美术馆。此尊遍身夔凤纹，器底亦有凤纹。拓本通过高超的传拓技艺使其纹饰得以充分体现。

君宜子孙双鱼洗全形拓

中国文化遗产研究院藏

廿一

伏审帖

星期日

明日元旦 · 五日小寒

农历丁酉年 · 十一月十四

◎ 洗为流行于汉代的器物类型。此拓原器即为汉代所制，器有弦纹四道，内底除以双鱼为饰外，并铭“君宜子孙”四字，代表了子嗣绵长的美好祝愿。

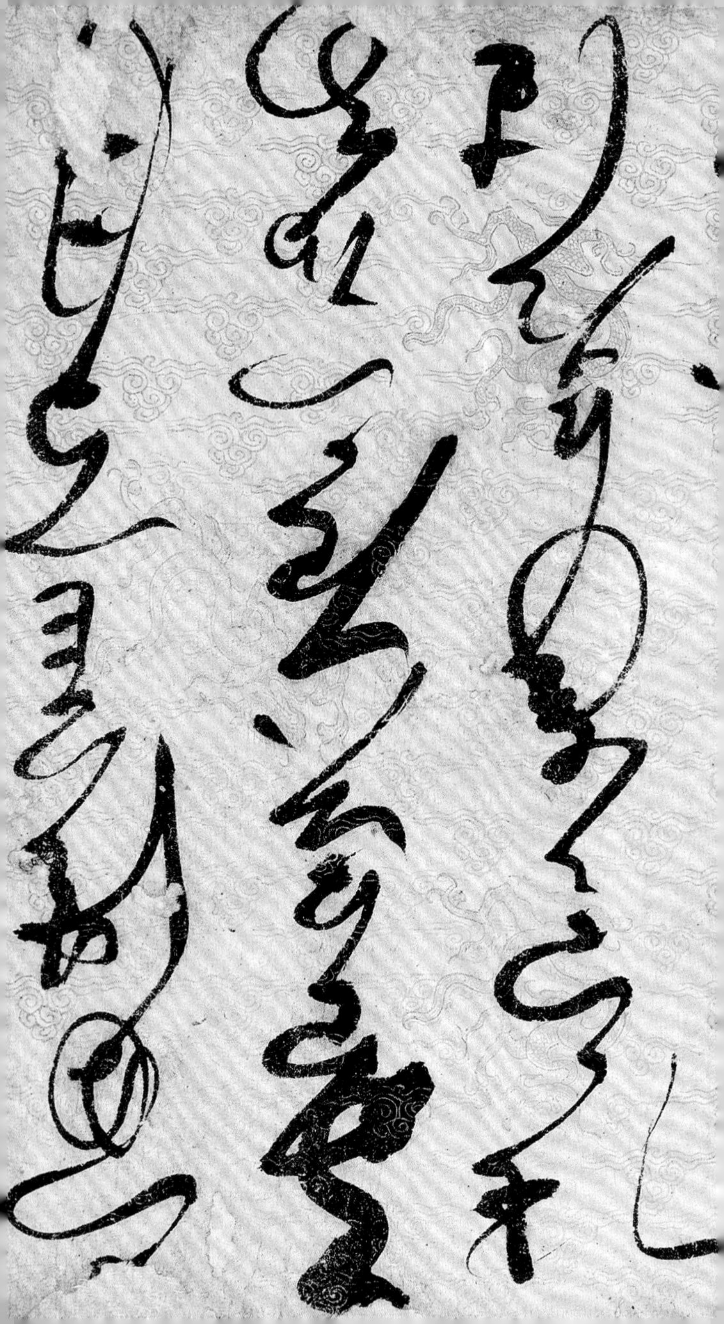

北魏张玄墓志

星期六

明日国庆·四日中秋

农历丁酉年·八月十一

◎ 清代工艺品喜以谐音寓意。这件尊式杯雕鹰、熊为饰，谐音为“英雄”，造型纹饰皆仿古。

清 · 犀角雕鹰熊尊

故宫博物院藏

蜀素帖

星期五

一日国庆 · 四日中秋

农历丁酉年 · 八月初十

◎　乾隆皇帝爱好艺术收藏，并以崇古自居，因而乾隆朝的宫廷器用中出现了大批仿古之作。此爵为这一时期的作品，锥形的爵身之外，粘接的爵耳与三足使其更为逼真。

清 · 犀角雕爵

故宫博物院藏

唐怀素自叙帖

星期四

孔子诞辰纪念日

今日二候蛰虫坏户

农历丁酉年 · 八月初九

◎　犀角因其形状特殊而在雕刻时颇受局限，多雕为杯。而这件角雕则反其道而行之，充分利用其锥形轮廓，精心布局，巧妙塑造出布袋和尚仰面大笑的生动形象。

清·犀角雕布袋和尚像

故宫博物院藏

麻姑仙坛记

星期三

世界旅游日

一日国庆 · 四日中秋

农历丁酉年 · 八月初八

◎ 此杯以蕉叶纹青铜觚为原型，透雕聚集虬结的蟠螭为杯柄，构思巧妙而古意盎然。

清·犀角雕螭纹杯

故宫博物院藏

唐颜真卿书多宝塔碑

星期二

一日国庆 · 四日中秋

农历丁酉年 · 八月初七

◎　此件作品雕仙人手持书卷，闲坐槎中。槎尾虬枝扭转，如同天然木根。

清 · 犀角雕仙人乘槎

故宫博物院藏

唐柳公权书神策军碑

星期一

一日国庆 · 四日中秋

农历丁酉年 · 八月初六

◎　犀角雕刻，因材质珍贵，多以其本形为基础稍加雕饰，故多雕为杯。仙人乘槎杯是常见的造型之一。此类作品表现仙人坐于槎中，神异之状与独特的材质相得益彰。

清 · 犀角雕仙人乘槎
故宫博物院藏

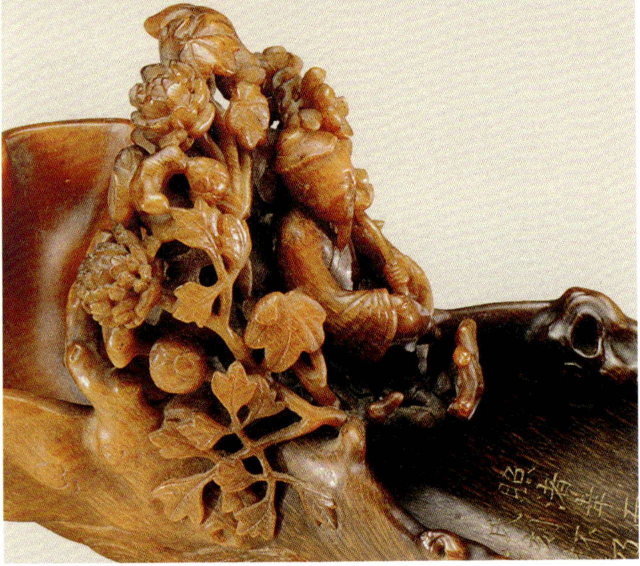

汉乙瑛碑

星期日

国际聋人节

一日国庆 · 四日中秋

农历丁酉年 · 八月初五

◎　犀角造型独特，质地细密润泽，色泽古朴，而传说中其所具有的神奇功效，又为它披上了一层神秘色彩。因此，以犀角为材质的雕刻器皿陈设备受文人喜爱。

明 · 犀角雕玉兰花式杯

故宫博物院藏

宋拓天发神谶碑

星期六

今日秋分 · 一候雷始收声

农历丁酉年 · 八月初四

◎ 盒雕三螭，一为钮，二为耳，攀爬呼应，顾盼生姿。

清 · 黄杨三螭海棠式盒

故宫博物院藏

唐欧阳询书化度寺碑

星期五

世界无车日

明日秋分 · 一日国庆

农历丁酉年 · 八月初三

◎ 这件黄杨摆件，刻画了母牛侧卧回首、牛犊踏其尾而奔的形象，充分表现了令人动容的舐犊之情。

清 · 黄杨子母牛
故宫博物院藏

一

唐柳公权书玄秘塔碑

星期四

国际和平日

廿三秋分 · 一日国庆

农历丁酉年 · 八月初二

◎　这件笔筒，刻画了或粗或细的竹子丛聚而生，一枝梅花穿插其间。明清两代多以竹筒制成笔筒，而这件以黄杨木拟态于竹的笔筒，在展现制作者精湛技艺的同时，也为使用者平添了几分辨别竹木的趣味。

清·黄杨梅竹笔筒

故宫博物院藏

怀仁集王书圣教序

星期三

全国爱牙日
公民道德宣传日

廿三秋分 · 一日国庆

农历丁酉年 · 八月初一

◎ 这件黄杨木雕表现了倚书侧卧的仕女形象，充分发挥了黄杨木质地细腻的特点。而在黑漆描金的床榻和锦褥的衬托下，仕女的形象更为逼真。

清·黄杨仕女
故宫博物院藏

唐寅落花诗册

星期二

廿三秋分 · 一日国庆

农历丁酉年 · 七月廿九

◎　吴之璠为竹雕名家，9月3日所展示二乔图笔筒即为其竹雕杰作。而这件黄杨笔筒则是以黄杨木为材质所制，质地莹润，雕刻精美，充分体现了其对不同材质的娴熟驾驭。

清 · 吴之璠 · 东山报捷图黄杨笔筒

故宫博物院藏

唐贺知章书孝经

星期一

九一八事变纪念日

廿三秋分 · 一日国庆

农历丁酉年 · 七月廿八

◎　这件螭纹扁壶同样以紫檀为材质，壶口和足部均以银丝镶嵌，深浅相映，装饰效果独特。

明 · 紫檀螭纹扁壶

上海博物馆藏

元赵孟頫书胆巴碑

星期日

今日三候群鸟养羞

农历丁酉年 · 七月廿七

◎　这件深褐色的紫檀笔筒以云纹为地，高浮雕虬龙九尾，盘绕于筒壁，动势如生。

明 · 紫檀九虬纹笔筒

故宫博物院藏

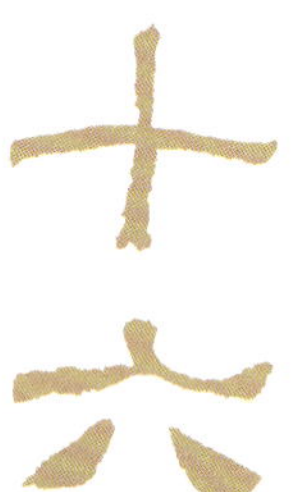

汉西狭颂

星期六

全民国防教育日
国际保护臭氧层日

廿三秋分 · 一日国庆

农历丁酉年 · 七月廿六

◎ 这件笔筒以书卷为造型，筒体用竹丝与金属丝编成，又以贴黄手法镂刻行龙贴于表面，虚实相映。

清·贴黄龙纹竹丝编织笔筒

故宫博物院藏

玄堂帖

星期五

国际民主日

廿三秋分 · 一日国庆

农历丁酉年 · 七月廿五

◎　多件组合的文具盒，是乾隆朝文玩中的常见品类。以贴黄为主要装饰，并嵌玉片，为帝王案头的心爱之物。

清 · 贴黄炕几式座文具盒
故宫博物院藏

唐欧阳询书
九成宫醴泉铭

星期四

廿三秋分 · 一日国庆

农历丁酉年 · 七月廿四

◎　冠架为盛放帽子之用。这件冠架以三柄“如意”承托莲冠为基本造型，“如意”造型又似脱胎于上古青铜器的蟠螭纹。装饰工艺上以贴黄为主，镶嵌染牙、紫檀，堪称装饰与实用的完美结合。

清·贴黄镶染牙冠架

故宫博物院藏

不空和尚碑

星期三

廿三秋分 · 一日国庆

农历丁酉年 · 七月廿三

◎　以贴黄工艺制作的此瓶，器物纹饰来源亦是三代青铜。饕餮、涡纹、回纹等集于一器，繁复华美，却又体现出乾隆朝工艺装饰的独特风貌。

清·贴黄蕉叶饕餮纹瓶

故宫博物院藏

隋苏慈墓志

星期二

联合国南南合作日

今日二候玄鸟归

农历丁酉年 · 七月廿二

◎　乾隆皇帝喜爱贴黄工艺，亦钟爱仿古器物。此鼎将两者结合，造型仿上古青铜器，而表面以镂刻贴黄为饰。

清 · 贴黄蝉纹方鼎

故宫博物院藏

汉礼器碑

星期一

廿三秋分·一日国庆

农历丁酉年·七月廿一

◎　此盒以双桃为造型，表面贴黄，划刻六角锦文，以染牙为枝叶、蝙蝠，为贴黄与镶嵌工艺相结合。

清 · 贴黄双桃盒
故宫博物院藏

宋拓智永真草
千字文

星期日

教师节

廿三秋分 · 一日国庆

农历丁酉年 · 七月二十

◎　贴黄又称翻黄、文竹，是揭取竹筒内壁黄色表层，经煮压加工后翻转贴于木器胎体上作为装饰的工艺。贴黄器物外观质地细腻、色调柔和，可与黄杨、象牙雕刻相媲美。

清 · 贴黄仿攒竹方笔筒

故宫博物院藏

晋王羲之兰亭序帖

星期六

毛泽东逝世纪念日

廿三秋分 · 一日国庆

农历丁酉年 · 七月十九

◎　仿古器物是竹雕中的一类。乾隆朝宫廷所制仿古铜器竹雕，不但造型与古物相仿佛，纹饰等细节亦惟妙惟肖，巧夺天工。

清 · 竹雕提梁卣

故宫博物院藏

宋米芾苕溪诗卷

星期五

国际扫盲日
国际新闻工作者日

廿三秋分 · 一日国庆

农历丁酉年 · 七月十八

◎　臂搁，顾名思义，为古人书写时防止衣袖染墨而承放手臂所用，多以竹制，两面多雕饰纹样，亦成文玩一品。这件臂搁，以留青之法雕鱼跃波涛之景，寓意吉祥。

清 · 鱼跃图臂搁

故宫博物院藏

史晨前碑

星期四

今日白露 · 一候鸿雁来

农历丁酉年 · 七月十七

◎　这件竹雕将陶渊明刻画为独立松荫的老者形象，以“采菊东篱下”之脍炙人口，手中所擎一菊，便已将人物身份充分点明。

清 · 邓孚嘉 · 竹雕渊明采菊

上海博物馆藏

秦石鼓文

星期三

明日白露 · 廿三秋分

农历丁酉年 · 七月十六

◎ 潘西凤为深得郑板桥称赏的金陵竹刻名家，据说善以废弃竹材为器。此筒即以竹根末端根须密集难以雕刻的部位为材料，稍事加工，即成一器。

清 · 潘西凤铭笔筒

广东民间工艺博物馆藏

隋龙藏寺碑

星期二

今日中元 · 七日白露

农历丁酉年 · 七月十五

◎ 此像为封锡爵之弟封锡禄所作，抓住罗汉伸臂呵欠的瞬间，刻画如生，充分显示了作者高超的观察和表现能力。

清 · 封锡禄 · 竹雕罗汉像

上海博物馆藏

汉张迁碑

星期一

明日中元 · 七日白露

农历丁酉年 · 七月十四

◎ 封锡爵为清代竹刻名家，长于竹根圆雕，格高品逸。这件以白菜为造型的笔筒为其代表作品，菜叶层叠错落，栩栩如生。其弟锡禄、锡璋亦精于竹刻，时人号称“三鼎足”。

清 · 封锡爵 · 竹雕晚菘形笔筒

故宫博物院藏

北魏张猛龙碑

星期日

中国人民抗日战争胜利纪念日

五日中元 · 七日白露

农历丁酉年 · 七月十三

◎　简壁雕两妇人对坐，陈设器用无不细致表现。高浮雕技法更使画面富有层次。

清 · 吴之璠 · 二乔图笔筒

上海博物馆藏

唐褚遂良书
雁塔圣教序记

星期六

今日三候禾乃登

农历丁酉年 · 七月十二

◎ 这件笔筒采用留青浅浮雕技法，浅色的竹皮与深色的竹肉相互映衬，山水景物鲜明如画。

明 · 张希黄 · 山水楼阁笔筒

上海博物馆藏

一

唐灵飞经

星期五

五日中元·七日白露

农历丁酉年·七月十一

◎ 竹木犀角雕刻，皆取自天然材质，其黄赭之色也与细密的质地一样，尽显天然之美。这件笔筒拟古木松荫之景，雕双鹤顾盼于松荫之下，生动而雅致。

明 · 朱鹤 · 松鹤笔筒

南京博物院藏

國寶 2017 古色華彩 | 秋满金城

九月

September

卅一

伏审帖

星期四

五日中元·七日白露

农历丁酉年·七月初十

◎ 这件天球仪以金制成，镶嵌大小珍珠数千颗为星辰，并刻有名称。球体以九条行龙擎起，既可实用，又是华美的宫廷陈设。

清 · 金嵌珠天球仪

故宫博物院藏

北魏张玄墓志

星期三

五日中元 · 七日白露

农历丁酉年 · 七月初九

◎ 这组杯盘是皇帝寿辰时所用之物，杯耳镂空篆书“万寿”二字，杯壁錾行龙与缠枝莲花，盘底錾莲花、云纹，并嵌珍珠为花芯，极尽华美。

清 · 金嵌珠錾花杯、盘

故宫博物院藏

蜀素帖

星期二

禁止核试验国际日

五日中元 · 七日白露

农历丁酉年 · 七月初八

◎　清康熙年间所铸金编钟，是皇帝举行大典时所用乐器，一套十六枚。此枚即为声响最为洪亮的一枚——黄钟。所谓黄钟大吕，在古代是成套编钟中特定的两枚，在后世成为言谈庄重、声响洪亮的代称。

清 · 金编钟

故宫博物院藏

唐怀素自叙帖

星期一

今日七夕 · 二候天地始肃

农历丁酉年 · 七月初七

◎ 同样出土于定陵的这组爵、盘，均以二龙戏珠纹为饰，爵的柱段、爵体和盘的外沿均镶嵌红、蓝宝石，尽显奢华的皇家气派。

明·金爵、盘

定陵博物馆藏

麻姑仙坛记

星期日

明日七夕 · 五日中元

农历丁酉年 · 七月初六

◎　明十三陵中的定陵是万历皇帝朱翊钧的陵寝，也是新中国成立后唯一一座主动发掘的帝王陵墓。其中出土了诸多罕见而精美的皇家器用。这件“翼善冠”金冠以极细的金丝编制，两条蟠龙自冠后两侧向上，汇合于冠顶，作二龙戏珠状，体现了明代细金工艺的最高水平。

明 · 金冠

定陵博物馆藏

廿六

唐颜真卿书多宝塔碑

星期六

全国律师咨询日

廿八七夕·五日中元

农历丁酉年·七月初五

◎ 元代的许多宴饮用具，上承两宋，常以花朵为造型来源。这套托、盏便均以芙蓉、木槿之类的花卉为原型设计制作，也是宋代酒具、茶具的常见造型。

元·鎏金花瓣式银托、盏

无锡博物院藏

唐柳公权书神策军碑

星期五

廿八七夕·五日中元

农历丁酉年·七月初四

◎ 此盘以四个相互叠加的如意云头造型构成，简单而别致，盘中却又以细密錾刻的缠枝花卉纹为装饰，与整体造型形成有趣的繁简对比。

元 · 如意纹金盘

南京博物院藏

汉乙瑛碑

星期四

廿八七夕 · 五日中元

农历丁酉年 · 七月初三

◎　元代金银器，喜用脍炙人口的前代人物故事为纹饰。这件或许用于腰带装饰的金饰件，即以文王访贤为表现内容。左侧是乘车而来的周文王，右侧隔着两个仆从的则是背向盘坐、作持竿垂钓状的姜子牙。纹饰为捶打而成，恰如一件袖珍的高浮雕。

元·"文王访贤"金饰件

南京博物院藏

宋拓天发神谶碑

星期三

今日处暑 · 一候鹰乃祭鸟

农历丁酉年 · 七月初二

◎　此簪装饰华美，设计巧妙，顶端翔凤的口中衔着绶带，而绶带下端自然弯曲延伸，成为钗的两股，用于簪戴。

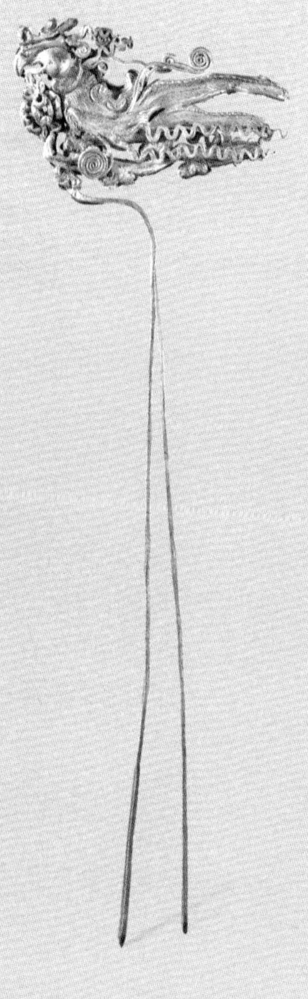

金 · 金凤簪（原名为金步摇）

西安市临潼区博物馆藏

唐欧阳询书化度寺碑

星期二

邓小平诞辰纪念日

明日处暑·廿八七夕

农历丁酉年·七月初一

◎ 金翅鸟为佛经中所云迦楼罗。这件银鎏金材质的金翅鸟昂首展翅，尾饰水晶珠五颗，出自大理崇圣寺三塔中主塔的塔顶，为宋代大理国时期所制。

大理 · 银镶珠金翅鸟

云南省博物馆藏

唐柳公权书玄秘塔碑

星期一

廿三处暑 · 廿八七夕

农历丁酉年 · 闰六月三十

◎ 这件金饰被塑造为俯卧的小儿造型，一手握莲枝负于背，一手握环，虽长不盈寸，却眉目可见，盈盈可爱。既有一定的宗教意味，又不乏宋代生活器用装饰所富有的生活情趣。

南宋 · 金娃娃

衢州博物馆藏

怀仁集王书圣教序

星期日

廿三处暑 · 廿八七夕

农历丁酉年 · 闰六月廿九

◎ 与唐代金银器浓烈的胡风和华美的装饰风格相比，宋代金银器更多地体现了宋人在日常生活中所追求的风雅意趣。此杯杯心錾刻《踏莎行》一阕，外壁以八条棱分割画面，所表现人物景观与词中所述相应。

宋·鎏金银八角杯

福建博物院藏

唐寅落花诗册

星期六

世界人道主义日

廿三处暑·廿八七夕

农历丁酉年·闰六月廿八

◎　庆山寺地宫所出金棺银椁，为盛放佛骨舍利之用。在袖珍棺椁外壁金银两色的映衬下，珍珠、猫眼、玉石、玛瑙等珍贵材料被着意铺陈，不但成为华美的装饰，更是佛教徒诚心供养的体现。

唐 · 金棺银椁

西安市临潼区博物馆藏

唐贺知章书孝经

星期五

廿三处暑·廿八七夕

农历丁酉年·闰六月廿七

◎ 栉，本为梳篦之统称，后成为女子发饰之名。这件錾花金栉，为扬州三元路唐代窖藏中的20件首饰之一，栉背镂刻飞天、花蝶等纹饰，细密繁复，精美异常。

唐 · 金錾花栉
扬州博物馆藏

元赵孟頫书胆巴碑

星期四

今日三候寒蝉鸣

农历丁酉年 · 闰六月廿六

◎　此器出土于另一个重要的唐代金银器窖藏——江苏丹徒丁卯桥窖藏。以龟形座负一圆筒，外刻龙凤纹环绕的“论语玉烛”四字，内盛五十根摘自《论语》语句而成的令筹，为宴饮时行酒令所用之物，造型设计巧妙，华美绝伦。

唐 · 银鎏金“论语玉烛”龟形器

镇江博物馆藏

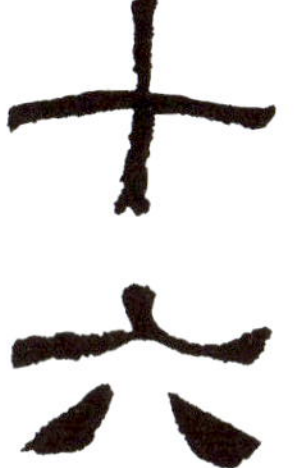

汉西狭颂

星期三

廿三处暑 · 廿八七夕

农历丁酉年 · 闰六月廿五

◎ 同样出土于何家村窖藏的掐丝团花金杯（亦称金筐宝钿团花纹金杯），不但造型来自域外，掐丝镶嵌的装饰手法亦是经由丝路自西方传来。遗憾的是，掐丝轮廓内原有的镶嵌物均已脱落。可以相见红绿相间的宝石纹饰，在杯体金地的映衬下，该是何等美观！

唐 · 掐丝团花金杯

陕西历史博物馆藏

玄堂帖

星期二

日本正式宣布无条件投降日

廿三处暑 · 廿八七夕

农历丁酉年 · 闰六月廿四

◎ 何家村窖藏中，有两件造型相同的赤金碗，侈口圆腹，下承圈足，颇具异域风味。碗壁锤出凹凸相间的莲瓣形，瓣内均錾刻折枝花叶围绕的鹦鹉、鸳鸯、奔鹿、卧兔等鸟兽，并以鱼子纹作底，精细华丽，一派大唐气象。

唐 · 刻花赤金碗
陕西历史博物馆藏

唐欧阳询书
九成宫醴泉铭

星期一

廿三处暑·廿八七夕

农历丁酉年·闰六月廿三

◎ 20世纪70年代西安出土的何家村窖藏作为最重要的唐代遗存考古发现之一，宛如一个珍奇的唐代金玉宝库，放射出大唐的华光。其中的十二枚赤金走龙，均高不盈寸，却将这种传说中的动物造型表现得各具情态、栩栩如生。

唐 · 赤金龙

陕西历史博物馆藏

不空和尚碑

星期日

廿三处暑 · 廿八七夕

农历丁酉年 · 闰六月廿二

◎ 唐代，金银器在上流社会极为流行，带动了金银器制作水平的大幅提高。在开放的新风下，金银器的装饰风格深受外来文化影响，呈现出中西合璧、胡汉交辉的独特风貌。这件何家村窖藏出土的金杯，造型源于西亚，杯壁上的歌舞人物浮雕个个高鼻深目，极具异域色彩。

唐 · 舞伎八棱金杯
陕西历史博物馆藏

十二

隋苏慈墓志

星期六

今日二候白露降

农历丁酉年·闰六月廿一

◎　刘荆为东汉光武帝刘秀第九子，先后被封为山阳王、广陵王。此印为其生前所用，龟钮方印，镌“广陵王玺”四字篆书，出土于扬州邗江甘泉镇二号汉墓。其出土也为这座墓主不明的高规格墓葬明确了主人。

东汉·“广陵王玺”金印

南京博物院藏

汉礼器碑

星期五

廿三处暑·廿八七夕

农历丁酉年·闰六月二十

◎ 出土于匈奴墓葬的这件带饰，以铜胎包以金箔，刻画出卧姿绵羊的生动形象。

西汉·包金卧羊带饰

内蒙古博物院藏

日

宋拓智永真草
千字文

星期四

廿三处暑 · 廿八七夕

农历丁酉年 · 闰六月十九

◎　出土于满城中山王刘胜夫人窦绾墓的这件灯具大概是出土灯具中最负盛名的一件。宫女持灯的整体造型优美生动，以“衣袖”收纳灯烟的设计更体现了先进的环保理念，虽为铜质，并有锈蚀，但表面大多完好的鎏金依然光华耀目，显得富丽堂皇。

西汉·铜鎏金长信宫灯

河北博物院藏

晋王羲之兰亭序帖

星期三

廿三处暑 · 廿八七夕

农历丁酉年 · 闰六月十八

◎ “马者，甲兵之本”。秦汉以降，帝王对于良马的痴迷，不但出于个人偏好，也有着重要的军事缘由。汉武帝为讨伐匈奴，不惜动用武力获取西域天马。出土于霍去病墓附近的这件鎏金铜马，肢体修长而雄健，当为天马形象的客观再现。

西汉 · 鎏金铜马

茂陵博物馆藏

宋米芾苕溪诗卷

星期二

全民健身日

廿三处暑 · 廿八七夕

农历丁酉年 · 闰六月十七

◎ 此印方形，蟠龙钮，印面阴刻“文帝行玺”四字篆书，出土于广州象岗山西汉南越王赵眛墓，是我国考古出土的第一枚帝印，也是迄今发现的最大的一枚西汉金印。

西汉·“文帝行玺”金印

西汉南越王墓博物馆藏

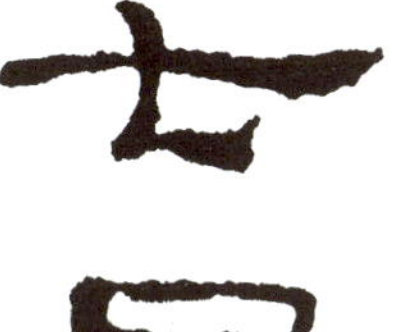

史晨前碑

星期一

今日立秋 · 一候凉风至

农历丁酉年 · 闰六月十六

◎　金兽状类虎豹，呈蜷卧状，表面遍錾圆形斑纹，艺术水平极高。中空的内壁刻有“黄六”二字，专家据此推断其或为衡器“金权”。

西汉 · 金兽

南京博物院藏

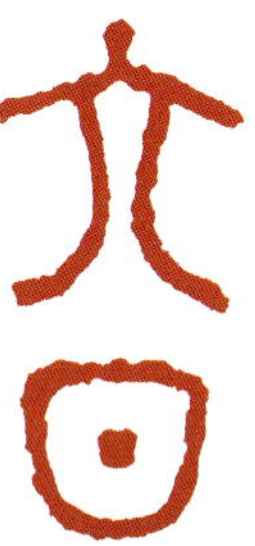

秦石鼓文

星期日

明日立秋 · 廿三处暑

农历丁酉年 · 闰六月十五

◎ 此盆直口平沿、底部微微内凹，遍体以鎏金龙凤纹为饰，黄白相映，华丽而庄重，为目前所发现的唯一一件秦代银器。

秦·鎏金银盆
淄博市博物馆藏

五日

隋龙藏寺碑

星期六

七日立秋 · 廿三处暑

农历丁酉年 · 闰六月十四

◎　此盏造型简洁，装饰华美，是先秦时期金质容器中最大、最重的一件。盖上的环形盖钮、盏盖和盏腹作为装饰的蟠螭纹，显然深受青铜器装饰手法和风格影响。

战国 · 金盏、金勺

湖北省博物馆藏

汉张迁碑

星期五

七日立秋 · 廿三处暑

农历丁酉年 · 闰六月十三

◎　出土于匈奴墓葬的这件金饰以金片模压的手法在圆形的有限空间内塑造出具有高浮雕效果的猛虎形象，概括而富有装饰性。

战国 · 金虎纹圆形饰

新疆文物考古研究所藏

北魏张猛龙碑

星期四

七日立秋 · 廿三处暑

农历丁酉年 · 闰六月十二

◎ 此冠冠顶以镶嵌绿松石的黄金塑造为雄鹰造型，盘绕的冠带则浮雕出骏马、盘羊等颇具草原色彩的动物形象，当为战国时期匈奴贵族所用之物。

战国·鹰形金冠顶、金冠带

内蒙古博物院藏

唐褚遂良书
雁塔圣教序记

星期三

七日立秋 · 廿三处暑

农历丁酉年 · 闰六月十一

◎　金器的使用，深受北方草原民族影响。早期金器在造型风格上，也与中原历史久远的青铜、漆器等大异其趣。这件金兽的造型便颇受草原文化影响。

春秋 · 金兽

辽宁省博物馆藏

唐灵飞经

星期二

建军节

今日三候大雨时行

农历丁酉年 · 闰六月初十

◎　金，色泽澄黄而光彩炫目。数千年来，自北地而中原，成为光耀华夏的华贵之色。这件出土于陕西凤翔春秋时期秦宗庙遗址的金异兽，长不过四公分，却将虎头羊角的异兽形象表现得细致入微。

春秋·金异兽形饰件

陕西历史博物馆藏

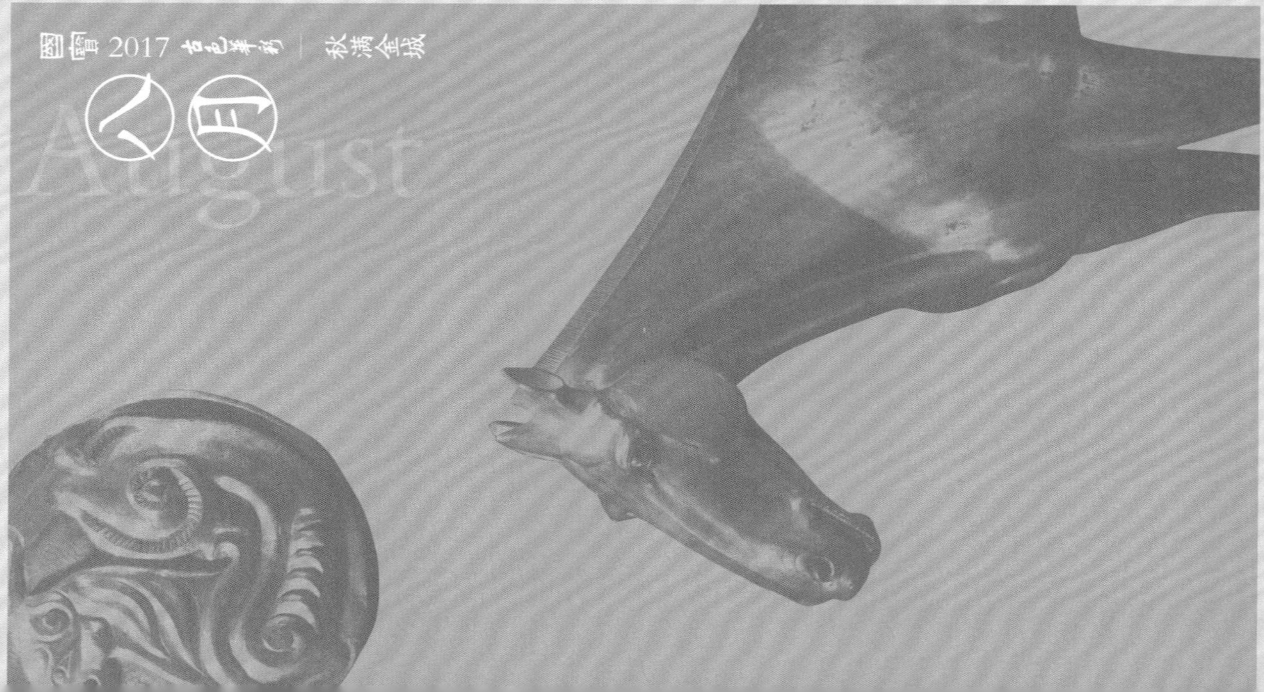
國寶 2017 古色華彩 | 秋满金城
八月
August

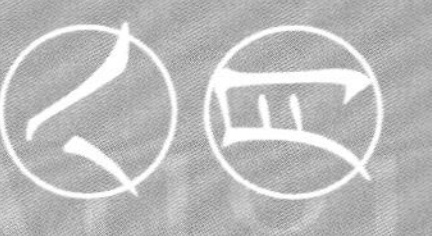

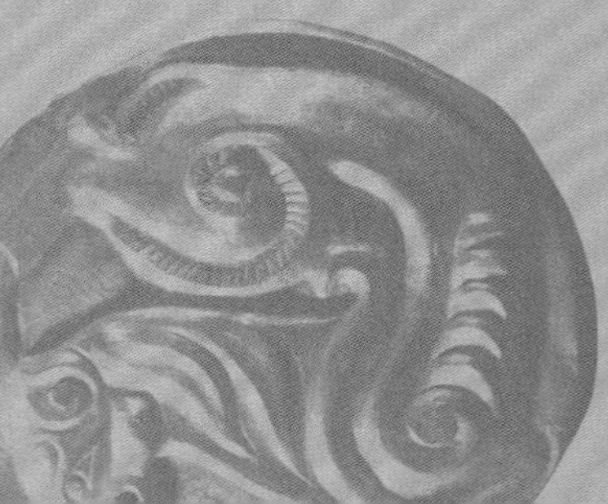

伏审帖

星期一

七日立秋 · 廿三处暑

农历丁酉年 · 闰六月初九

◎　明黄为正黄，明清时期为帝王服饰所用。此袍以妆花技法织造，纹饰华美而不失威严，为清代帝王元旦、冬至、万寿节等重要节庆所穿吉服。

清雍正·明黄彩云金龙妆花纱夹袍

故宫博物院藏

北魏张玄墓志

星期日

国际友谊日

七日立秋 · 廿三处暑

农历丁酉年 · 闰六月初八

◎　格里芬为西方传说中四足双翼的怪兽，通过频繁的中外文化交流也成为中原日用织物的装饰纹样。这件锦被上不但有格里芬团花，还有中原流行的缠枝牡丹纹，亦可见文化之交融。

元·龟背纹地格里芬锦被

内蒙古博物院藏

蜀素帖

星期六

七日立秋·廿三处暑

农历丁酉年·闰六月初七

◎ 此俑以木、泥和纸捻为身体，以真实的各色织物为衣着，造型逼真。黄色披帛为绞缬工艺所制。绞缬即当代所称扎染。

唐 · 木身锦衣裙女俑

新疆维吾尔自治区博物馆藏

唐怀素自叙帖

星期五

世界肝炎日

七日立秋 · 廿三处暑

农历丁酉年 · 闰六月初六

◎　此绢棕红底色、浅黄纹饰，采用灰缬技法染成。灰缬是以灰浆涂于织物表面制成纹饰，染后灰浆覆盖部分会保留织物原色。这种技法与夹缬、绞缬及蜡缬是我国传统印染技艺中的“四缬”。今日，灰缬演变为蓝印花布；夹缬存于温州；蜡缬即今蜡染，存于苗族、布依族中。

唐 · 狩猎纹灰缬绢
新疆维吾尔自治区博物馆藏

麻姑仙坛记

星期四

今日二候土润溽暑

农历丁酉年 · 闰六月初五

◎　此绫图案以西域传来的连珠团窠为基本结构，而团窠内的花柱两侧，则是中原传统的装饰纹样——自天而降的双龙，充分体现了东西方文化的交融。

唐 · 对龙纹绫

新疆维吾尔自治区博物馆藏

廿六

唐颜真卿书多宝塔碑

星期三

七日立秋 · 廿三处暑

农历丁酉年 · 闰六月初四

◎ 青海都兰热水吐蕃贵族墓，保留了品类繁多的唐代织绣精品。这件绣片为马匹鞍鞯残片，以黄绢为地，五色丝线绣制的宝花花瓣为饰。虽为残片，足以想见原物之华美。

唐·黄地大型宝花绣鞯

青海省文物考古研究所藏

廿五

唐柳公权书神策军碑

星期二

七日立秋 · 廿三处暑

农历丁酉年 · 闰六月初三

◎　联珠团窠是经丝路传来的域外织物纹样模式。在团窠之内，可表现各类鸟兽人物。此锦黄地红花，团窠内的小鸡两两相对，鲜明可爱。而小鸡头顶花冠、颈飘绶带的造型，又与中亚、西亚织物纹饰中的造型多有相似。

唐 · 联珠对鸡纹锦

新疆维吾尔自治区博物馆藏

汉乙瑛碑

星期一

七日立秋 · 廿三处暑

农历丁酉年 · 闰六月初二

◎　出土于马王堆汉墓的这件绣片以黄色对鸟菱纹绮为地，棕、红等色丝线绣出凤鸟与云气相生的装饰，极具楚汉韵味。

汉 · 乘云绣绮

湖南省博物馆藏

宋拓天发神谶碑

星期日

七日立秋 · 廿三处暑

农历丁酉年 · 闰六月初一

◎　作为丝绸的起源之地，中国古代的各类织绣也层出不穷，很早就达到了极高的技艺水平。以红棕、棕黄、土黄等色丝线绣成的这件绣片，色彩和而不同，花纹繁而不乱。

战国 · 龙凤虎纹绣

荆州博物馆藏

唐欧阳询书化度寺碑

星期六

今日大暑 · 一候腐草为萤

农历丁酉年 · 六月廿九

◎　此瓶以黄玻璃为胎，外饰红、绿、蓝、紫等多种色彩的玻璃纹饰，烧造于晚清，质地较粗，但在套料工艺上却更为复杂多变，产生了不同以往的装饰效果。

清 · 黄地套五彩玻璃瓶

故宫博物院藏

唐柳公权书玄秘塔碑

星期五

明日大暑 · 七日立秋

农历丁酉年 · 六月廿八

◎ “套料”是在一色玻璃胎体上粘贴其他色彩的玻璃图案胚料再行碾琢，从而形成两色或多色相映的制作手法。此豆即以乳黄色玻璃为器胎，浅红色玻璃缠枝莲纹和寿字团花为纹饰。

清乾隆·黄地套红玻璃寿字盖豆

故宫博物院藏

怀仁集王书圣教序

星期四

廿二大暑 · 七日立秋

农历丁酉年 · 六月廿七

◎　这件黄褐色的玻璃杯杯壁透明，值得一提的是借用碾琢玉器的方法在杯壁上磨出的山石花卉纹饰若隐若现，极富装饰美感。

清乾隆·磨花玻璃杯
故宫博物院藏

唐寅落花诗册

星期三

廿二大暑 · 七日立秋

农历丁酉年 · 六月廿六

◎ 此碗以黄玻璃制成，明艳光润，与黄釉彩瓷颇有异曲同工之妙。

清乾隆 · 黄玻璃碗

故宫博物院藏

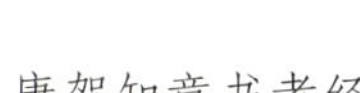

唐贺知章书孝经

星期二

廿二大暑 · 七日立秋

农历丁酉年 · 六月廿五

◎ 此器侈口大腹，通体作十六瓣菊花式，造型典雅，为雍正朝玻璃器中的精品。

清雍正·黄玻璃菊瓣式渣斗

故宫博物院藏

元赵孟頫书胆巴碑

星期一

今日三候鹰始挚

农历丁酉年·六月廿四

◎ 此瓶直颈球腹，为瓷器中常见的天球瓶造型。色调橙黄，油润可爱。

清雍正·黄玻璃瓶

故宫博物院藏

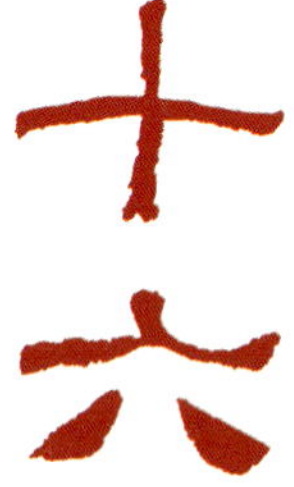

汉西狭颂

星期日

廿二大暑 · 七日立秋

农历丁酉年 · 六月廿三

◎　由于陶瓷、漆器等流行而始终未能在中国发展壮大的玻璃，在清代宫廷却出现了短暂的繁荣。雍正皇帝对艺术品鉴的极高品味和要求，使雍正朝内府器用极尽工巧。这件水丞造型简约，色彩明艳，美观而不失实用，堪为帝王理政之余把玩。

清雍正 · 黄玻璃水丞

故宫博物院藏

十五

玄堂帖

星期六

廿二大暑 · 七日立秋

农历丁酉年 · 六月廿二

◎ 与珐琅彩相似，粉彩也是创烧于康熙年间、极盛于雍正朝的彩瓷品种。这件转心瓶采用乾隆朝的流行器形，釉色上以黄为主，辅以其他诸色精细勾画点缀，显得富丽堂皇。

清乾隆·景德镇窑粉彩镂空转心瓶

故宫博物院藏

唐欧阳询书
九成宫醴泉铭

星期五

廿二大暑 · 七日立秋

农历丁酉年 · 六月廿一

◎ 珐琅彩发展到雍正朝日趋成熟，设色也更为华丽，此碗便为明证。

清雍正·景德镇窑黄地珐琅彩云龙纹碗

故宫博物院藏

不空和尚碑

星期四

廿二大暑 · 七日立秋

农历丁酉年 · 六月二十

◎　珐琅料本是传自西方的珐琅器所用的装饰釉料。清宫将原本用于铜胎表面装饰的珐琅料转用于瓷器，便产生了康雍乾三代辉煌一时的珐琅彩瓷。此碗外壁施以黄釉，再彩绘西番莲，釉色明艳照人，纹饰精细生动。

清康熙·黄地珐琅彩花卉纹碗

中国国家博物馆藏

隋苏慈墓志

星期三

今日二候蟋蟀居壁

农历丁酉年 · 六月十九

◎ 此瓶为寓意吉祥的葫芦造型，纹饰红黄相间，热烈喜庆。而实际的烧造工序非常复杂。须先以划花素胎入炉烧制，遍施黄釉后二次烧制，再以矾红料填充缠枝莲纹之外的部分，三次入炉后方才完成。

明嘉靖 · 黄地红釉缠枝葫芦瓶

故宫博物院藏

汉礼器碑

星期二

中国航海日
世界人口日

廿二大暑 · 七日立秋

农历丁酉年 · 六月十八

◎ 明代创烧的黄釉瓷器，不但胎质细腻，釉色更是匀净澄澈，娇艳欲滴，远非前代黄釉、褐釉陶瓷可比。此盘为成化年间的黄釉瓷器精品。

明成化·景德镇窑黄釉盘

故宫博物院藏

宋拓智永真草
千字文

星期一

廿二大暑 · 七日立秋

农历丁酉年 · 六月十七

◎　以釉下青花和釉上彩绘结合而成的“斗彩”，在明宣德年间成为新的流行装饰手法，并在成化年间达到技艺顶峰。此罐以青花线条勾勒轮廓，黄、绿等色点染云龙、海水，典雅细腻，堪称成化斗彩名品。

明成化·景德镇窑斗彩海水龙纹盖罐

故宫博物院藏

晋王羲之兰亭序帖

星期日

廿二大暑 · 七日立秋

农历丁酉年 · 六月十六

◎　陶瓷经历了漫长的演进，当瓷器成为最重要的日用器皿，釉陶仍然在日用器皿和明器中占有一席之地。这件黄釉陶扁壶，在造型上借鉴了游牧民族常用的皮囊壶，而纹饰更是直接对西域乐舞的生动表现，在民族融合的背景下，尤其具有代表性。

北齐 · 乐舞纹黄釉陶扁壶

河南博物院藏

宋米芾苕溪诗卷

星期六

廿二大暑 · 七日立秋

农历丁酉年 · 六月十五

◎ 此鬶袋足长流，造型肥硕稳健。与前几日所选以彩色纹饰作装饰的彩陶不同，与鬶体同色泥土贴塑的点线，和一束泥条螺旋扭转的把手，成为其简洁而美观的独特装点。

龙山文化·黄陶鬶

山东省博物馆藏

史晨前碑

星期五

七七事变纪念日

今日小暑 · 一候温风至

农历丁酉年 · 六月十四

◎　远古彩陶的装饰，来自于先民的所见所想。这件陶壶，在土黄的底色之上，于上腹部和颈部用红、褐诸彩绘出涡纹与波浪，或许正是对河流的描摹。

马家窑文化·涡纹彩陶壶
甘肃省博物馆藏

秦石鼓文

星期四

明日小暑 · 廿二大暑

农历丁酉年 · 六月十三

◎ 甘肃省博物馆的彩陶展厅里，马家窑文化的彩陶令人目不暇给。在红黑交错的繁复纹饰之下，露出的同样是土地本色。

马家窑文化·彩陶器群
甘肃省博物馆藏

隋龙藏寺碑

星期三

七日小暑 · 廿二大暑

农历丁酉年 · 六月十二

◎　此器形似罐而无底，腹圆鼓而镂空，显然并非实用器。曾经的红褐色陶衣早已脱落，露出泥土本色，别有一种质朴之美。

大汶口文化·镂孔陶器

南京博物院藏

汉张迁碑

星期二

七日小暑 · 廿二大暑

农历丁酉年 · 六月十一

◎　在盆内壁的泥土本色之上，墨彩绘就的小人儿手牵着手，连成一串，似正跟随着鼓点的律动翩然起舞。

宗日文化 · 舞蹈纹彩陶盆
青海省博物馆藏

北魏张猛龙碑

星期一

七日小暑 · 廿二大暑

农历丁酉年 · 六月初十

◎ 甘肃秦安大地湾遗址，是新石器时代文化遗存的代表性发现之一。出土于此的彩陶器物，形态各异，纹饰繁多。这件人形彩陶瓶，将瓶口塑造为人首，而膨起的瓶腹恰如怀孕之状，似乎也让这件器物多了一种对生命繁衍的希冀。

仰韶文化·人形彩陶瓶

甘肃省博物馆藏

唐褚遂良书
雁塔圣教序记

星期日

七日小暑 · 廿二大暑

农历丁酉年 · 六月初九

◎　出土于陕西宝鸡北首岭的此壶，两头尖翘，腹部圆鼓，恰如一叶小舟，而中部的网纹更让人联想起撑开的渔网。

仰韶文化·船形彩陶壶

中国国家博物馆藏

一

唐灵飞经

星期六

建党纪念日
香港回归纪念日

今日三候半夏生

农历丁酉年 · 六月初八

◎ 以泥土浴火幻化而成的陶瓷，历经变迁，异彩纷呈。而回溯数千年，仰韶文化时期的彩陶则更多地呈现出泥土本色，也更多地承载着先民的情感与信仰。鱼鸟石斧纹彩陶缸，在黄褐色的底色上，以黑白两色绘制出鸟衔鱼和石斧的形象，或为先民图腾与权力的象征。

仰韶文化·鱼鸟石斧纹彩陶缸

中国国家博物馆藏

July

國寶2017
古色華彩
卷三
秋满金城

國寶2017
古色華彩
卷一
春红胜火

图书在版编目（CIP）数据

国宝2017：古色华彩 / 华胥撰稿. -- 北京：文物出版社, 2016.10
ISBN 978-7-5010-4739-0

Ⅰ. ①国… Ⅱ. ①华… Ⅲ. ①文物—中国—通俗读物 Ⅳ. ①K87-49

中国版本图书馆CIP数据核字(2016)第217730号

國寶 2017 · 古色华彩（上、下册）

题　　签　苏士澍
出 版 人　张自成
编　　撰　华　胥
责任编辑　李缙云　刘永海
特约编辑　陆　萍
装帧设计　刘　远
责任印制　张　丽
特约校对　刘良函
出版发行　文物出版社
　　地址　北京市东直门内北小街2号楼
　　网址　http://www.wenwu.com
　　邮箱　E-mail:web@wenwu.com
发行总代理　汀一文化传媒南通有限公司
制版印刷　文物出版社印刷厂
开　　本　787×960　1/32
印　　张　24
版　　次　2016年10月第1版
印　　次　2016年10月第1次印刷
书　　号　ISBN 978-7-5010-4739-0
定　　价　99.00元

本书版权独家所有，非经授权，不得复制翻印

後母燒廩
与象敖填井
舜父瞽叟
帝舜
舜二妃娥皇女英
周太姜
周太任
周太姒
魯師春姜
漢成帝
班婕妤

福

國寶 2017 古色華彩 — 春红胜火

一月

January

新石器时代·河姆渡文化朱漆木碗

浙江省博物馆藏

元旦

唐灵飞经

星期日

今日元旦 · 五日小寒／腊八

农历丙申年 · 腊月初四

◎ 漆器是中华民族的伟大发明，早在远古时代，漆树汁液便被用于制器髹饰。出土于河姆渡遗址的这件朱漆木碗，是迄今为止发现的最早的漆器之一。尽管木胎残损、漆面斑驳，却开启了光耀数千年的中国红。

西周 · 彩绘兽面凤鸟纹嵌螺钿漆罍
中国社会科学院考古研究所藏

二日

唐褚遂良书
雁塔圣教序记

星期一

五日小寒／腊八 · 廿日大寒／小年

农历丙申年 · 腊月初五

◎ 螺钿镶嵌是唐代以后漆器常用的装饰手法，而这件出土于北京房山琉璃河西周墓的漆罍在红地褐彩的髹饰之间，嵌以蚌壳，堪称螺钿镶嵌之祖。

战国·彩绘乐舞图鸳鸯形漆盒
湖北省博物馆藏

北魏张猛龙碑

星期二

◎　经过长期发展，战国时期，漆器迎来了早期发展的一个高峰。湖北随州曾侯乙墓出土的漆器种类繁多，工艺精湛，堪称这一时期的代表。此盒以黑漆为地，红漆为饰，细腻地刻画出了鸳鸯的生动形象。

五日小寒／腊八·廿日大寒／小年

农历丙申年·腊月初六

战国 · 彩绘龙纹皮胎漆盾
湖南省博物馆藏

四日

汉张迁碑

星期三

明日小寒/腊八·廿日大寒/小年

农历丙申年·腊月初七

◎ 此盾正面以红、黄两色云纹围绕红色蟠龙纹，髹饰华美，或为仪仗乐舞之用。

战国 · 彩绘木雕蟠蛇漆卮
荆州博物馆藏

臘八

唐柳公权书玄秘塔碑

星期四

今日小寒／腊八·一候雁北乡

农历丙申年·腊月初八

◎　楚人尚赤，荆楚之地出土的诸多漆器正是以红色的大量运用以及与黑、黄诸色的巧妙搭配，铺陈出瑰丽奇谲之美。卮是古人盛酒的器皿，这件以十二条蛇盘曲而成的卮不但造型独特，在色彩的运用上也颇具匠心，红色线条在黑底上的精细勾勒也将蛇体扭转盘绕的动态表现得栩栩如生。

战国·彩绘透雕漆座屏
湖北省博物馆藏

秦石鼓文

星期五

廿日大寒／小年·廿七除夕

农历丙申年·腊月初九

◎ 出土于江陵望山楚墓的这件座屏上，包括蛇、蛙、鹿、凤、雀等在内的五十余个动物造型，交叠错落，繁而不乱。虽以黑漆为主色，但作为鸟羽、喙等处装饰的朱红却更显夺目。

战国·彩绘出行图夹纻胎漆奁
湖北省博物馆藏

七日

史晨前碑

星期六

廿日大寒 / 小年 · 廿七除夕

农历丙申年 · 腊月初十

◎ 奁多为盛放梳妆器具等什物的圆盒，多装饰华美。此奁盖顶绘凤纹，外壁绘出行图。纹饰虽以多色漆绘于黑地之上，但作为各组纹饰之间界线的红色却最醒目，使得整个器物华丽而不失庄重。

秦·彩绘双耳长漆盒

湖北云梦县博物馆藏

宋米芾苕溪诗卷

星期日

廿日大寒 / 小年 · 廿七除夕

农历丙申年 · 腊月十一

◎　秦汉时期，漆器迎来了继战国之后的又一高峰。云梦睡虎地秦墓不但出土了一批历史价值极高的竹简，也出土了一批极具代表性的秦代漆器。

秦 · 彩绘云龙纹漆盒
湖北云梦县博物馆藏

晋王羲之兰亭序帖

星期一

廿日大寒／小年 · 廿七除夕

农历丙申年 · 腊月十二

◎ 睡虎地秦墓的主人生前为县令下属的小吏，墓中所出竹简多为其生前抄录的律法文书，对于今人一窥秦法典具有重要意义。而墓中陪葬的漆器之精美，也从侧面说明了当时生产力水平已经达到相当高度。

秦 · 彩绘兽首凤形漆勺

湖北省博物馆藏

十日

宋拓智永真草
千字文

星期二

今日二候鹊始巢

农历丙申年·腊月十三

◎　此勺兽首凤身，造型独特。勺内髹朱漆，勺外以朱漆绘纹饰于黑地之上，醒目而别致。勺尾部烙印有“咸”、“亭”等文字，或与秦都咸阳有关。

秦·彩绘鱼鹭纹漆盂
湖北云梦县博物馆藏

十一

汉礼器碑

星期三

廿日大寒／小年 · 廿七除夕

农历丙申年 · 腊月十四

◎ 此盂内底以写实手法绘朱漆游鱼两条，鹭鸟一只。鹭鸟两足腾跨，曲颈欲啄。寥寥数笔看似随意，却构图稳固，不失生动。

秦·彩绘变形鸟头纹漆卮
湖北省博物馆藏

十二

隋苏慈墓志

星期四

廿日大寒／小年·廿七除夕

农历丙申年·腊月十五

◎　这件睡虎地出土的漆卮同样以黑地朱纹的手法进行装饰，外壁上的鸟头却采用抽象变形的手法加以表现，纹饰层层错落，形成独特的装饰美感。

秦·彩绘铜箍三蹄足漆尊
湖北云梦县博物馆藏

不空和尚碑

星期五

廿日大寒／小年 · 廿七除夕

农历丙申年 · 腊月十六

◎ 此尊造型敦厚，底部以铸铜箍起，并置三足，在加固器物的同时，也以材质的变换达到了装饰的效果。

秦·彩绘云龙纹椭圆形漆奁
湖北云梦县博物馆藏

唐欧阳询书
九成宫醴泉铭

星期六

廿日大寒 / 小年 · 廿七除夕

农历丙申年 · 腊月十七

◎ 此奁外壁黑地红纹，盖面绘云龙纹，外侧则以连续的抽象图案为装饰。

西汉·彩绘朱地漆棺
湖南省博物馆藏

十五

玄堂帖

星期日

今日三候雉始鸲

农历丙申年 · 腊月十八

◎ 马王堆出土的漆器是两汉时期漆器的典型代表。朱地漆棺外壁绘白鹿成双，腾跃于高山两侧，纹饰繁复，色彩瑰丽。

西汉 · 彩绘竹雕龙纹漆勺

湖南省博物馆藏

十六

汉西狭颂

星期一

廿日大寒 / 小年 · 廿七除夕

农历丙申年 · 腊月十九

◎ 这件漆勺作为日用品，兼具实用性与装饰性。勺柄上作为装饰的辫结纹髹朱漆，在周围黑漆的映衬下格外醒目。

西汉·彩绘“君幸食”漆盘

湖南省博物馆藏

十七

元赵孟頫书胆巴碑

星期二

廿日大寒／小年 · 廿七除夕

农历丙申年 · 腊月二十

◎ 汉代漆制餐具、酒具上，常有“君幸酒”、“君幸食”等语，有劝进之意。此盘中心即以朱漆书“君幸食”三字。

西汉 · 彩绘鹤纹漆匜
荆州博物馆藏

唐贺知章书孝经

星期三

廿日大寒 / 小年 · 廿七除夕

农历丙申年 · 腊月廿一

◎　匜为盥洗之器。此匜内底绘有四只鹤衔枝回首，所衔枝条曲折蜿蜒，随形就势，看似随意而不逾规矩。

西汉·彩绘三鱼纹漆耳杯
荆州博物馆藏

十九

唐寅落花诗册

星期四

明日大寒／小年 · 廿七除夕

农历丙申年 · 腊月廿二

◎ 耳杯又称羽觞，为汉魏时期常见的饮酒器皿。此杯内底绘三鱼首尾相接，具有较强的装饰性。

西汉 · 彩绘漆案
扬州博物馆藏

颜勤礼碑

星期五

今日大寒 / 小年 · 一候鸡始乳

农历丙申年 · 腊月廿三

◎ 扬州历来是漆器的重要产地，这组出自扬州汉墓的漆案，堪为明证。

西汉 · 彩绘夹纻胎漆耳杯
甘肃省博物馆藏

廿一

唐柳公权书玄秘塔碑

星期六

廿七除夕 · 廿八春节

农历丙申年 · 腊月廿四

◎　这件耳杯出自甘肃武威汉墓，与中原、江南所出同类器物在形制上并无二致。

东汉·彩绘漆秘器
扬州博物馆藏

廿二

唐欧阳询书化度寺碑

星期日

廿七除夕 · 廿八春节

农历丙申年 · 腊月廿五

◎ 秘器为葬仪所用，与《汉书 · 霍光传》中的记载相应。

东汉 · 彩绘铜釦兽纹漆钵
甘肃省博物馆藏

廿三

宋拓天发神谶碑

星期一

廿七除夕 · 廿八春节

农历丙申年 · 腊月廿六

◎ 此钵外壁以朱漆绘羽人、仙鹤等纹饰，并以铜釦包镶于口沿，既增加牢固度，也是很好的装饰。

三国 · 吴 · 彩绘季札挂剑图漆盘

安徽省文物考古研究所藏

廿四

汉乙瑛碑

星期二

廿七除夕·廿八春节

农历丙申年·腊月廿七

◎　朱然为三国时期吴国名将，其家族墓地于20世纪80年代进行考古发掘，出土的一批精美漆器成为三国时期漆器的代表。

三国 · 吴 · 彩绘童子对棍图漆盘
安徽省文物考古研究所藏

廿五

唐柳公权书神策军碑

星期三

今日二候征鸟厉疾

农历丙申年 · 腊月廿八

◎ 此盘内底绘两童子持棍对舞，刻画简约而传神。盘底的“蜀郡作牢”铭文表明了生产地。

三国·吴·彩绘鸟兽鱼纹漆盘
安徽省文物考古研究所藏

廿六

唐颜真卿书多宝塔碑

星期四

国际海关日

明日除夕 · 廿八春节

农历丙申年 · 腊月廿九

◎ 此件器物胎体以竹木相结合，并以麻布进行加固后髹漆。内底绘有各种神禽异兽，充满想象力。

三国 · 吴 · 彩绘贵族生活图漆盘
安徽省文物考古研究所藏

歲除

汉曹全碑

星期五

今日除夕 · 明日春节

农历丙申年 · 腊月三十

◎ 此盘内壁纹饰内容丰富，分上、中、下三层分别描绘宴飨、梳妆对弈和出游，表现了三国时期的贵族生活。

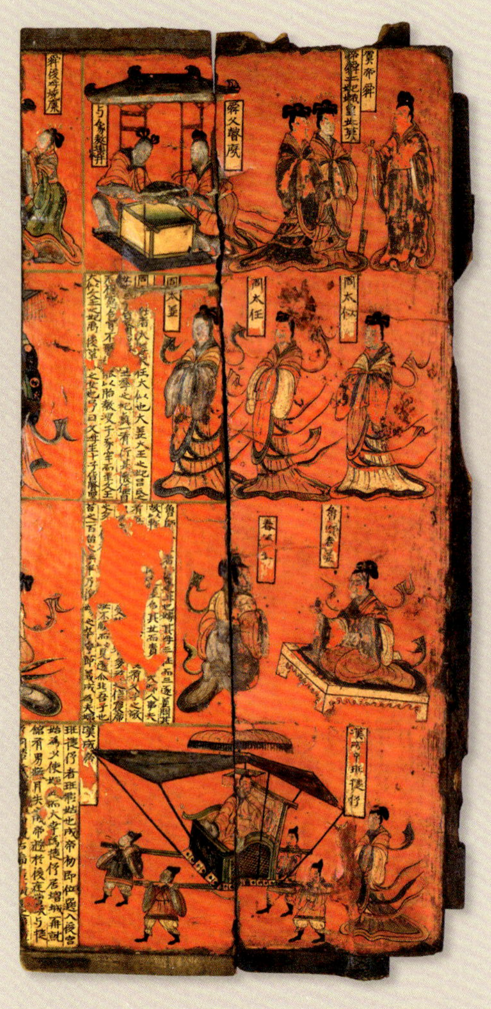

北魏·彩绘人物故事图漆屏风（部分）

大同市博物馆藏

新年

北魏张玄墓志

星期六

今日春节·三日立春

农历丁酉年·正月初一

◎ 出土于大同司马金龙墓的人物故事图漆屏风是北朝漆器的著名代表。所绘内容出自《列女传》等文献，绘画风格与东晋顾恺之《洛神赋图》、《列女图》等卷轴画的传世摹本之间颇有渊源。

北魏 · 彩绘孝子故事图漆画（局部）

宁夏固原博物馆藏

蜀素帖

星期日

世界防治麻风病日

三日立春 · 十一上元

农历丁酉年 · 正月初二

◎ 此画内容为中原地区流行的孝子故事，绘画风格则充满鲜卑色彩，体现了民族融合中的艺术交流。

唐·“九霄环佩”紫漆琴

故宫博物院藏

卅日

北魏张玄墓志

星期一

今日三候水泽腹坚

农历丁酉年 · 正月初三

◎ 魏晋以降，随着生产技艺的发展，工艺繁复的漆器在日常生活中逐渐为陶瓷器皿所取代，适用范围大幅缩小。在唐代，佛教造像、镜、琴等的制作中，漆艺则与夹纻、螺钿镶嵌等工艺相结合，另辟蹊径，产生了独特的艺术魅力。

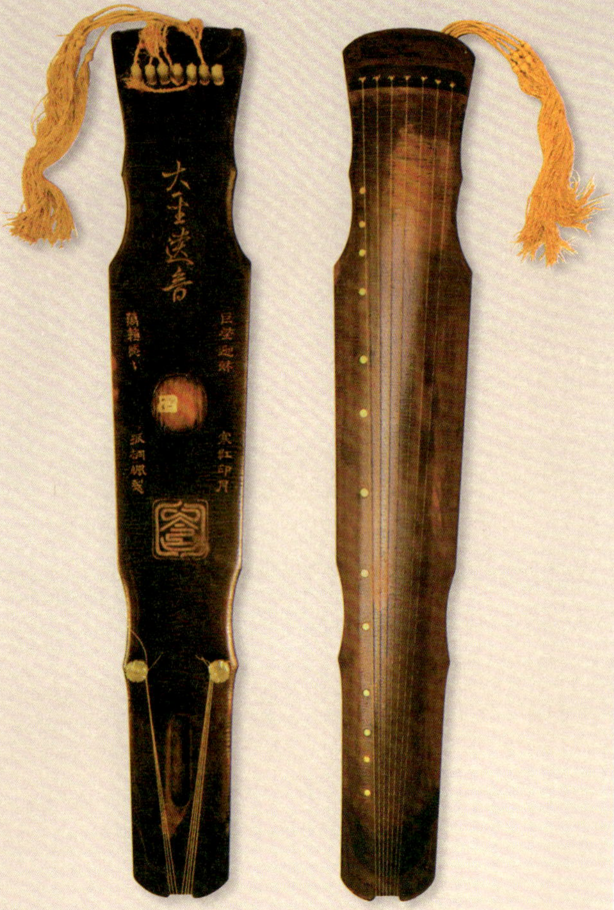

唐·“大圣遗音”栗壳色漆琴

故宫博物院藏

卅一

伏审帖

星期二

三日立春 · 十一上元

农历丁酉年 · 正月初四

◎ 此琴鬃栗壳色漆，略有朱漆修补，腹内书有唐肃宗至德年号，应为唐代宫廷所用，亦是传世唐琴中最完好的一件。

國寶 2017 古色華彩 — 春红胜火
二月
February

北宋·描金堆漆舍利函

浙江省博物馆藏

一日

唐灵飞经

星期三

三日立春·十一上元

农历丁酉年·正月初五

◎ 宋代漆器在工艺上推陈出新，堆漆、雕刻等工艺和描金等装饰手法逐渐被广泛运用。

北宋 · 描金堆漆舍利函（局部）
浙江省博物馆藏

唐褚遂良书
雁塔圣教序记

星期四

世界湿地日

明日立春 · 十一上元

农历丁酉年 · 正月初六

◎ 描金，一名泥金画漆，即纯金花文也。朱地、黑质共宜焉。其文以山水、翎毛、花果、人物故事等；而细钩为阳，梳理为阴……

—— 明 · 黄成《髹饰录 · 描饰第六》

北宋·描金堆漆经函（外函）
浙江省博物馆藏

三日

北魏张猛龙碑

星期五

今日立春 · 一候东风解冻

农历丁酉年 · 正月初七

◎ 浙江瑞安慧光塔所出经函，体现了宋初精湛的描金、堆漆等工艺，也成为漆艺发展随时代变迁的重要物证。

北宋·花瓣形圈足朱漆盒

南京博物院藏

四日

汉张迁碑

星期六

世界癌症日

十一上元·十八雨水

农历丁酉年·正月初八

◎ 此盒以连续的弧形轮廓构成了花瓣形的整体造型，下有圈足，髹饰朱漆，简洁美观。

南宋 · 紫褐色漆托盏

南京博物院藏

五日

隋龙藏寺碑

星期日

十一上元 · 十八雨水

农历丁酉年 · 正月初九

◎ 南宋日用漆器中，有的雕饰繁缛精美，也有的简洁大方，体现了文人的审美取向。这件用于茶饮的托盏便是南宋素色漆中的典型。

南宋 · 紫褐色漆瓶
南京博物院藏

秦石鼓文

星期一

十一上元·十八雨水

农历丁酉年·正月初十

◎ 此瓶与前页托盏同出一处，或为成套使用。

南宋·柳塘图戗金朱漆斑纹地长方形黑漆盒
常州博物馆藏

七日

史晨前碑

星期二

十一上元 · 十八雨水

农历丁酉年 · 正月十一

◎ 戗金，一名镂金、戗银，朱地黑质共可饰。细钩纤皴……物象细钩之间，一一划刷丝为妙。

—— 明 · 黄成《髹饰录 · 戗划第十一》

南宋·园林仕女图戗金莲瓣形朱漆奁

常州博物馆藏

宋米芾苕溪诗卷

星期三

今日二候蛰虫始振

农历丁酉年 · 正月十二

◎　戗金运用于朱地或黑地漆器上，线条纤细，色彩对比鲜明，与更为传统的彩绘等手法相比，具有独特的装饰效果，因而自宋元以来得到广泛运用。

南宋·出游图戗金长方形朱漆盒

常州博物馆藏

九日

晋王羲之兰亭序帖

星期四

十一上元 · 十八雨水

农历丁酉年 · 正月十三

◎ 与清代线条繁密、构图丰满的戗金漆器不同，宋代戗金漆器上，以戗金手法表现的对象往往并不过多地占据画面，而是在四周留白较多。这样反而使纹饰更为突出，以少胜多。

南宋 · 剔犀执镜盒
常州博物馆藏

宋拓智永真草
千字文

星期五

国际气象节

明日上元 · 十八雨水

农历丁酉年 · 正月十四

◎ 剔犀，因漆层断面如犀皮而得名，多以黑、红两色交替髹涂，以刀深刻云纹等纹饰，断面露出的不同色彩便可形成独特的装饰效果。

南宋·桂花纹剔红盒

故宫博物院藏

上元

汉礼器碑

星期六

今日上元 · 十八雨水

农历丁酉年 · 正月十五

◎　剔红，即雕红漆，传说源于唐代，但至今尚无实物发现。此盒为南宋晚期的剔红器物，亦堪称珍品。

元·“张成造”栀子纹剔红盒

故宫博物院藏

隋苏慈墓志

星期日

十八雨水 · 廿七龙抬头

农历丁酉年 · 正月十六

◎　漆器发展到元代，名匠辈出，剔红、剔犀等工艺愈加登峰造极。张成、杨茂均为史册留名的髹漆巨匠。

元·“杨茂造”花卉纹剔红尊
故宫博物院藏

不空和尚碑

星期一

世界无线电日

今日三候鱼陟负冰

农历丁酉年·正月十七

◎ 张、杨两家所制剔红器物，均堆朱肥厚，雕饰优美，对后世尤其是明代雕漆影响深远。

元·“张成造”云纹剔犀盒
安徽省博物馆藏

唐欧阳询书
九成宫醴泉铭

星期二

情人节

十八雨水 · 廿七龙抬头

农历丁酉年 · 正月十八

◎ 此盒造型典雅，雕刻线条流畅，漆层断面中露出的红色漆层如行云流水，充分体现了剔犀工艺之美。

元·“张成造”曳杖观瀑图剔红盒
中国国家博物馆藏

十五

玄堂帖

星期三

十八雨水 · 廿七龙抬头

农历丁酉年 · 正月十九

◎ 山水人物是元代漆器纹饰中除了花卉之外最为常见的。此类题材的流行，似与同时代文人画的发展有所应和。

元·“杨茂造”观瀑图八方形剔红盘

故宫博物院藏

十六

汉西狭颂

星期四

十八雨水·廿七龙抬头

农历丁酉年·正月二十

◎　大师名匠的传世作品屈指可数，张、杨两家的同题材作品留存于世则更为难得。两相对照，实在难分伯仲。

元 · 东篱采菊图剔红盒

上海博物馆藏

元赵孟頫书胆巴碑

星期五

明日雨水 · 廿七龙抬头

农历丁酉年 · 正月廿一

◎ 结庐在人境，而无车马喧。问君何能尔？心远地自偏。
采菊东篱下，悠然见南山。山气日夕佳，飞鸟相与还。
此中有真意，欲辨已忘言。

——东晋 · 陶渊明《饮酒 · 其五》

元·“张敏德造”赏花图剔红盒
故宫博物院藏

十八

唐贺知章书孝经

星期六

今日雨水·一候獭祭鱼

农历丁酉年·正月廿二

◎ 张敏德据传为张成后人，所制器物也确实继承了张成的技法，且更为精细。

明永乐·烹茶图剔红盒

故宫博物院藏

唐寅落花诗册

星期日

邓小平逝世纪念日

廿七龙抬头 · 五日惊蛰

农历丁酉年 · 正月廿三

◎ 经过了宋元两代的种种探索，剔红等工艺在明代大放异彩。明代也开启了漆器发展的又一巅峰时代。

明永乐 · 携琴访友图剔红盒

故宫博物院藏

廿日

怀仁集王书圣教序

星期一

世界社会公正日

廿七龙抬头 · 五日惊蛰

农历丁酉年 · 正月廿四

◎ 在张成后人的主持下，明代果园厂剔红漆器继承了张成的工艺技法和艺术风格，在永乐、宣德两朝尤为出色。

明永乐 · 茶花纹剔红盒

故宫博物院藏

廿一

唐柳公权书玄秘塔碑

星期二

国际母语日

廿七龙抬头 · 五日惊蛰

农历丁酉年 · 正月廿五

◎　果园厂所造花果纹剔红漆器，漆层肥厚，纹饰凸显。此盒盖面雕茶花纹，外壁雕牡丹、菊花等错落排布。盖内刻有清代乾隆帝御制诗，表现了他对此盒乃至永乐雕漆的钟爱。

明永乐 · 牡丹纹剔红盘

故宫博物院藏

廿二

唐欧阳询书化度寺碑

星期三

廿七龙抬头 · 五日惊蛰

农历丁酉年 · 正月廿六

◎ 此盘雕工上承元人技艺，生动表现了牡丹盛开时节花叶繁茂的状态。

明永乐 · 五老图委角方形剔红盘
故宫博物院藏

廿三

宋拓天发神谶碑

星期四

今日二候候雁北

农历丁酉年·正月廿七

◎　除了花果纹，庭园小景也是明代漆器常见的表现题材。此盘内底即雕高松小亭内外文士雅集之景。

明永乐·八宝纹剔红盒
故宫博物院藏

廿四

汉乙瑛碑

星期五

廿七龙抬头·五日惊蛰

农历丁酉年·正月廿八

◎ 皇家器用不但体现了上流社会的审美取向，也反映了宗教在生活中的影响。与宗教信仰联系紧密的八宝纹和反映世俗观念的百花纹，在此盒上得以有机结合。

明永乐 · 牡丹纹剔红尊
故宫博物院藏

廿五

唐柳公权书神策军碑

星期六

廿七龙抬头·五日惊蛰

农历丁酉年·正月廿九

◎ 尊为宋代钧瓷常见器形，元明漆器对这一器形屡有模拟（参见2月13日图），体现了一种崇古复古的审美趣味。

明宣德 · 云龙纹剔红盒

故宫博物院藏

廿六

唐颜真卿书多宝塔碑

星期日

明日龙抬头 · 五日惊蛰

农历丁酉年 · 二月初一

◎ 宣德剔红与永乐剔红一脉相承，纹饰更趋精细，工艺也更为精湛。

明宣德 · 林檎双鹂图剔彩捧盒

故宫博物院藏

廿七

麻姑仙坛记

星期一

今日龙抬头 · 五日惊蛰

农历丁酉年 · 二月初二

◎ 剔彩是以多种颜色的漆料交替髹涂于胎上，雕刻后，露出下层色彩或者刀口断面的多彩色线，达到较剔红更为丰富的艺术效果。这件捧盒，花果、禽鸟的叶片、鸟羽等位置露出的不同色彩漆层，便是着意经营、充分运用剔彩工艺的结果。

明宣德·“大明谱系”戗金长方形红漆匣

故宫博物院藏

廿八

唐怀素自叙帖

星期二

今日三候草木萌动

农历丁酉年·二月初三

◎　此匣盖面以戗金龙纹为饰，镂刻线条流畅，是明代早期戗金漆器的典型代表。

國寶 2017 古色華彩 | 春红胜火
三月
March

明·“滇南王松造”文会图委角方形剔红盘

故宫博物院藏

一日

唐灵飞经

星期三

五日惊蛰·十二花朝

农历丁酉年·二月初四

◎ 明中期以来，雕漆制品纹饰愈发精细。此盘盘心雕江亭文会，盘沿为四季花卉。值得一提的是，盘心文会图中刻有“滇南王松造”款，为明代雕漆器中所少见。

明 · 山水人物纹委角方形剔黑盒

故宫博物院藏

二日

唐褚遂良书
雁塔圣教序记

星期四

五日惊蛰·十二花朝

农历丁酉年·二月初五

◎ 关于剔黑，明人黄成在其漆艺专著《髹饰录》中有如下论述：“剔黑，即雕黑漆也，制比雕红则敦朴古雅。又朱锦者，美甚。朱地、黄地者次之。”此盒即以剔黑压于红漆锦地之上，色泽深郁古雅，所言非虚。

明嘉靖·祝寿图绿地剔红盒

故宫博物院藏

三日

北魏张猛龙碑

星期五

国际爱耳日

五日惊蛰·十二花朝

农历丁酉年·二月初六

◎ 明代嘉靖时期，雕漆在继承前代技艺的基础上，在造型、漆色、雕工等方面均有极大的创新。此盒上层髹朱漆，下层髹绿漆，配色少见。朱漆上雕出的仙人祝寿造型在露出的绿色锦地映衬下，别具一格。

明嘉靖 · 福字委角方形剔红盘

故宫博物院藏

四日

汉张迁碑

星期六

明日惊蛰 · 十二花朝

农历丁酉年 · 二月初七

◎ 此盘以“福”为中心加以装饰表现，前所未见。以文字为主要装饰元素，可谓嘉靖时期的创新。

明嘉靖·龙凤纹方胜形雕填漆盒

故宫博物院藏

隋龙藏寺碑

星期日

学雷锋日

中国青年志愿者服务日

今日惊蛰 · 一候桃始华

农历丁酉年 · 二月初八

◎　此盒通体髹紫漆，表面雕镂出的花纹以红、绿、黄、黑四色漆填饰，显得富丽堂皇。

明嘉靖·龙凤纹银锭形雕填漆盒

故宫博物院藏

秦石鼓文

星期一

十二花朝·廿日春分

农历丁酉年·二月初九

◎ 此盒椭圆束腰呈银锭形，体现了嘉靖时期对漆器造型的创新尝试。

明嘉靖·龙凤纹菊瓣形雕填漆盘
故宫博物院藏

七日

史晨前碑

星期二

十二花朝 · 廿日春分

农历丁酉年 · 二月初十

◎ 此盘外沿为素色菊瓣形，中间的盘心雕龙凤纹并填彩漆，形成简与繁的反差。

明嘉靖·松鹤纹斑纹地雕填漆盘
故宫博物院藏

宋米芾苕溪诗卷

星期三

妇女节

十二花朝 · 廿日春分

农历丁酉年 · 二月十一

◎　此盘以米色漆为斑纹地，红、紫等色彩漆填饰松鹤花纹，产生一种繁密之美。

明嘉靖·双龙戏珠纹雕填漆箱
故宫博物院藏

晋王羲之兰亭序帖

星期四

保护母亲河日

十二花朝·廿日春分

农历丁酉年·二月十二

◎ 此箱不单雕填彩漆，同时也结合戗金装饰，精细之中更显富丽堂皇。

明·孔雀牡丹纹皮胎剔红盘
故宫博物院藏

十日

宋拓智永真草
千字文

星期五

今日二候鸧鹒鸣

农历丁酉年 · 二月十三

◎ 漆器胎体一般采用木质，明代中晚期所制此盘则为皮胎。其外漆层上的剔红纹饰均以线条表现，风格尤为独特。

明 ·“时大彬造”山水人物纹紫砂胎剔红壶
故宫博物院藏

十一

汉礼器碑

星期六

明日花朝 · 廿日春分

农历丁酉年 · 二月十四

◎　时大彬为生于明万历年间的制陶名匠，其所制紫砂壶世所难觅。而此壶以其所制紫砂壶为胎，髹漆剔红，更是堪称孤品。

明万历·双龙纹委角长方形剔彩盒
故宫博物院藏

隋苏慈墓志

星期日

植树节

孙中山逝世纪念日

今日花朝 · 廿日春分

农历丁酉年 · 二月十五

◎　晚明万历朝，各门类工艺美术更为发达。雕漆制品也更趋精细工巧。这件剔彩盒有红、绿、黄诸色漆层，黄色雕双龙，红绿两色分别雕天、水锦地，三色相互映衬，繁而不乱。

明万历 · 竹林七贤图长方形剔红盘

故宫博物院藏

十三

不空和尚碑

星期一

廿日春分 · 卅日上巳

农历丁酉年 · 二月十六

◎ 此盘纹饰上承宋元，选取了脍炙人口的竹林七贤故事，雕刻则更为精工细腻。

明万历·云龙纹梅花形雕填漆盒

故宫博物院藏

十四

唐欧阳询书
九成宫醴泉铭

星期二

廿日春分 · 卅日上巳
农历丁酉年 · 二月十七

◎ 此盒梅花形，以戗金填彩手法表现云龙戏珠等图案，装饰华丽。

明万历 · 双龙纹长方形填漆盒
故宫博物院藏

玄堂帖

星期三

国际消费者权益日

今日三候鹰化为鸠

农历丁酉年·二月十八

◎ 此盒纯以朱漆为地，填彩漆手法为饰，色调沉郁富丽。

明万历·双龙纹椭圆形填漆盒

故宫博物院藏

十六

汉西狭颂

星期四

廿日春分·卅日上巳

农历丁酉年·二月十九

◎　这件漆盒与双龙纹长方形填漆盒（参见3月15日图）同为明万历癸丑年（1613）所制，装饰手法和风格也基本相同。

明万历 · 彩绘描金山水人物纹漆盒
故宫博物院藏

十七

元赵孟頫书胆巴碑

星期五

廿日春分 · 卅日上巳

农历丁酉年 · 二月二十

◎ 这件圆盒为盛放玉带之用，以朱漆为地，描金为饰，不事雕镂，呈现出与戗金、填彩等手法不同的艺术风格。

明·梵文缠枝莲纹长方形填漆盒
故宫博物院藏

十六

唐贺知章书孝经

星期六

全国科技人才活动日

廿日春分·卅日上巳

农历丁酉年·二月廿一

◎ 清宫常以前代遗物改制，此盒即为乾隆朝以晚明所制填彩漆盒装檀香木花屉，用以盛放乾隆帝御制诗册。

清康熙·寿字云纹瓷胎剔犀尊

故宫博物院藏

十九

唐寅落花诗册

星期日

明日春分·卅日上巳

农历丁酉年·二月廿二

◎　以朱红为主、黑彩相伴的漆艺，在清代达到了封建时代的最后一个高峰。此尊以瓷为胎，为康熙朝开始流行的凤尾尊形制。采用流行于宋元的剔犀云纹为装饰手法，体现了继承与创新的结合。

清雍正·彩绘云龙纹双圆形漆盘
故宫博物院藏

廿日

怀仁集王书圣教序

星期一

今日春分 · 一候玄鸟至

农历丁酉年 · 二月廿三

◎ 雍正帝具有极高的艺术品位，对于清宫造办处所制实用和观赏器物的设计制作，也往往提出具体意见，因而留下了大量别具一格的雍正朝艺术品。此盘在橘红色漆地上以彩漆描绘纹饰，双圆相交的形制尤为独特。

清雍正·彩绘花鸟纹圭形漆盘

故宫博物院藏

唐柳公权书玄秘塔碑

星期二

世界森林日
国际消除种族歧视日

卅日上巳 · 三日寒食

农历丁酉年 · 二月廿四

◎ 此盘亦为清宫造办处所制，以彩绘为装饰，并采用少见的圭形。

國寶2017
古色華彩
卷二
夏绿如蓝

四月

April

國寶 2017 古色華彩 — 夏绿如蓝

红山文化 · 玉龙
中国国家博物馆藏

一日

唐灵飞经

星期六

愚人节

三日寒食·四日清明

农历丁酉年·三月初五

◎　玉，很早就成为古人敬天礼地、寄托祈愿的重要载体。这件出土于内蒙古翁牛特旗的蜷体玉龙，通身墨绿，打磨光洁，造型古朴而简约，极具装饰之美。

清康熙·和田碧玉云龙纹鸡心佩

首都博物馆藏

唐褚遂良书
雁塔圣教序记

星期日

国际儿童图书日

明日寒食 · 四日清明

农历丁酉年 · 三月初六

◎　数千年之后，玉所承载的神圣与神秘多少已有所消解，更多地成为用于制作饰品的上佳材料。这件通体碧绿的鸡心佩，便是清康熙年间仿汉晋时期流行器形所制饰品。

清·玉刻诗大盘

故宫博物院藏

北魏张猛龙碑

星期一

今日寒食·明日清明

农历丁酉年·三月初七

◎ 清乾隆帝对于玉的喜爱远超前代帝王，其所作诗赋也常以玉为载体加以铭刻，或抒怀、或记功。此盘体量巨大，口径近乎两尺，内底所刻乾隆帝御制诗正记录了其作为新疆平叛战利品的特殊来历。

清乾隆·玉菊瓣盘

故宫博物院藏

唐颜真卿祭侄文稿

星期二

香港儿童节

今日清明 · 一候桐始华

农历丁酉年 · 三月初八

◎　此盘色泽碧绿，壁薄如纸，体现了乾隆朝薄胎玉器制作的高超水平。

清乾隆 · 玉龙耳活环觚
故宫博物院藏

五日

隋龙藏寺碑

星期三

廿日谷雨 · 一日劳动节

农历丁酉年 · 三月初九

◎ 仿古是乾隆朝艺术品的重要形式。此觚脱胎于上古青铜器造型，觚体光素无纹，龙耳活环，雕琢精美，仿古而不泥古。

清乾隆·玉炉瓶三事

故宫博物院藏

秦石鼓文

星期四

廿日谷雨·一日劳动节

农历丁酉年·三月初十

◎ 炉瓶三事为香具。此套碧玉制品遍身雕琢龙凤，于文人生活的意蕴之外，更显皇家气象。

清乾隆·玉镂空花熏
故宫博物院藏

七日

史晨前碑

星期五

世界卫生日

廿日谷雨·一日劳动节

农历丁酉年·三月十一

◎ 此熏由玉雕的镂空花熏和铜胎掐丝珐琅的底座组合而成，碧绿莹润的玉与金彩交杂的蓝两相映照，更显精工艳雅。

清乾隆·九龙玉甕

故宫博物院藏

宋米芾苕溪诗卷

星期六

廿日谷雨 · 一日劳动节

农历丁酉年 · 三月十二

◎　此甕玉色深碧，外壁云腾九龙，底座涛连波漈，体量巨大，不怒自威。

商 · 后母戊方鼎
中国国家博物馆藏

九日

晋王羲之兰亭序帖

星期日

今日二候田鼠化鴽

农历丁酉年 · 三月十三

◎　青铜古称吉金。然而，岁月侵蚀，器物表面的斑斓锈色带来了别样的风韵，最常见的绿锈也为其带来了“青铜”之名。

西周 · 伯格卣

宝鸡青铜器博物馆藏

十日

宋拓智永真草
千字文

星期一

廿日谷雨 · 一日劳动节

农历丁酉年 · 三月十四

◎ 出土于陕西宝鸡竹园沟的伯格卣是西周吉金中的佳作，卣体造型敦厚，提梁弧线优美，整体端庄而不失轻灵。斑斑绿锈，为其平添了几分岁月沧桑。

春秋 · 莲鹤方壶

故宫博物院、河南博物院藏

汉礼器碑

星期二

廿日谷雨·一日劳动节

农历丁酉年·三月十五

◎ 1923年出土于河南新郑李家楼郑公大墓的莲鹤方壶，以其瑰丽的装饰闻名。此壶为一对，分藏于河南博物院和故宫博物院。

春秋 · 鸟尊

山西博物院藏

十二

隋苏慈墓志

星期三

国际载人航天日

廿日谷雨 · 一日劳动节

农历丁酉年 · 三月十六

◎ 鸟尊出土于山西省临汾市晋侯墓，以其独特的造型和华美的装饰，成为山西博物院的标志性文物。

春秋·透雕夔龙纹禁
河南博物院藏

不空和尚碑

星期四

廿日谷雨 · 一日劳动节

农历丁酉年 · 三月十七

◎ 禁为盛放酒器的大型器具。1978年出土于河南淅川下寺的这件禁以失蜡法铸造，多层镂空的云纹繁复华丽，诸多龙形异兽或攀附于禁壁，或作为禁足，工艺之精湛，叹为观止。

战国 · 铜牺立人擎盘

山西博物院藏

十四

唐欧阳询书
九成宫醴泉铭

星期五

今日三候虹始见

农历丁酉年 · 三月十八

◎ 此器以牺上立人擎盘为造型，用途尚不明确。与诸多遍布绿锈的青铜器不同，此器表面色泽偏黑而有光泽，或为在特定环境下长期埋藏所产生的“黑漆古”。

战国 · 曾侯乙尊盘
湖北省博物馆藏

十五

玄堂帖

星期六

廿日谷雨 · 一日劳动节

农历丁酉年 · 三月十九

◎ 此器由尊和盘两部分组成，合称曾侯乙尊盘，遍身盘绕螭龙纹饰，繁复而不显琐碎，是失蜡法铸造器物的典型代表。

唐 · 佛说法图壁画
敦煌莫高窟第57窟南壁

十六

汉西狭颂

星期日

廿日谷雨·一日劳动节

农历丁酉年·三月二十

◎ 传统绘画中，绿色的大量运用首先是描摹山川、再现自然的需要。而在此基础上发展出的青绿山水，更兼有写实与装饰之美。敦煌壁画中的绿色，在一定程度上承袭了早期山水画用色的古朴韵味。

辽·寄锦图壁画

内蒙古赤峰宝山2号辽墓出土

元赵孟頫书胆巴碑

星期一

廿日谷雨 · 一日劳动节

农历丁酉年 · 三月廿一

◎　内蒙古赤峰宝山辽代壁画墓中所出两方壁画《颂经图》与《寄锦图》上承唐风，于富丽堂皇的贴金彩绘中，以碧绿的修竹、棕榈营造出了幽静雅致的庭园环境。

北宋 · 赵佶 · 听琴图

故宫博物院藏

唐贺知章书孝经

星期二

国际古迹遗址日

廿日谷雨 · 一日劳动节

农历丁酉年 · 三月廿二

◎ 《听琴图》传为宋徽宗赵佶所作，构图严谨，描摹精工。画面中，身着道装的主人公倚松而坐，静心抚琴；两位听琴者侧耳聆听，所着衣衫一红一绿，体现出一种均衡之美。

北宋 · 王希孟 · 千里江山图（局部）
故宫博物院藏

唐寅落花诗册

星期三

明日谷雨·一日劳动节

农历丁酉年·三月廿三

◎ 徽宗朝画院画师王希孟所作《千里江山图》堪称青绿山水中的巨作绝品。画中山峦水系启承转合，村落舟桥错落其间，对石青、石绿等矿物质颜料色彩的运用更令人叫绝。

元·朝元图壁画（局部）
山西芮城永乐宫三清殿

怀仁集王书圣教序

星期四

联合国中文语言日

今日谷雨 · 一候萍始生

农历丁酉年 · 三月廿四

◎　作为表现人物的宗教壁画，永乐宫壁画在色调上以青绿为主，沉郁而不失鲜明，营造出了道教宫观中肃穆而神圣的宗教氛围。《朝元图》对于线条和色彩的娴熟运用，也体现了元代绘画工匠对传统的继承与发扬。

明·仇英·桃源仙境图

天津博物馆藏

廿一

唐柳公权书玄秘塔碑

星期五

一日劳动节·五日立夏

农历丁酉年·三月廿五

◎　作为明四家之一，仇英的画作远不如另外三家文人色彩浓郁，但他的青绿山水、工笔人物颇有特色。此画虽以“桃源仙境”为题，但并未描绘陶渊明所述场景，而是着意刻画理想中的仙境：古木苍翠，峰峦叠嶂，身着白衣的仙人在这青绿色调的背景之下，醒目而不突兀。

清 · 任熊 · 十万图册之万笏朝天

故宫博物院藏

廿二

唐欧阳询书化度寺碑

星期六

世界地球日

一日劳动节·五日立夏

农历丁酉年·三月廿六

◎　清末“海上四任”之一的任熊，人物、山水、花鸟皆能。描绘苏州一带实景的《十万图册》是其山水小品中的代表作。画中景物多有所本，却自成一格，别开生面。此开“万笏朝天”，即写天平山笔架峰山石耸立，如群臣手持笏板朝觐天子。青绿的峰峦铺陈于泥金底上，色彩夺目而不火气。

北齐 · 白釉绿彩长颈瓶
河南博物院藏

廿三

宋拓天发神谶碑

星期日

世界图书与版权日

一日劳动节 · 五日立夏

农历丁酉年 · 三月廿七

◎　绿色在陶瓷釉色中算不得主流，但其出现却往往能够达到出其不意的装饰效果。出土于河南省安阳市北齐范淬墓的这件白釉绿彩长颈瓶通体洁白，但瓶腹以浓郁的绿彩斑纹为饰，别具一格，也是中国陶瓷由单色釉向彩色釉发展时期的重要物证。

北齐 · 黄釉绿彩刻莲瓣纹四系罐

河南博物院藏

廿四

汉乙瑛碑

星期一

中国航天日

一日劳动节 · 五日立夏

农历丁酉年 · 三月廿八

◎　此罐1958年出土于河南省濮阳李云墓，罐体在以忍冬纹、垂莲瓣纹结合作为装饰的同时，在施以黄釉的上半部并施绿色条纹，随性而不无美感，可谓三彩之先声。

唐 · 长沙窑黄釉褐绿彩云纹罐

扬州博物馆藏

唐柳公权书神策军碑

星期二

世界防治疟疾日
全国儿童预防接种宣传日

今日二候鸣鸠拂羽

农历丁酉年 · 三月廿九

◎ 长沙窑以青釉、黄釉为主。此瓶以褐绿彩绘云纹为饰，体现了长沙窑的质朴之美。

唐 · 长沙窑青釉褐绿彩凤鸟纹壶

湖南省博物馆藏

唐颜真卿书多宝塔碑

星期三

世界知识产权日

一日劳动节·五日立夏

农历丁酉年·四月初一

◎ 此壶以褐绿彩绘振翅欲飞的凤鸟为饰，绿彩点染鸟羽，强调轮廓，褐色线条刻画细节，粗中有细。

辽·绿釉瓷净瓶

北京市文物研究所藏

廿七

麻姑仙坛记

星期四

一日劳动节 · 五日立夏

农历丁酉年 · 四月初二

◎ 辽代陶瓷、金银器等工艺匠作，均上承唐风。这件颈瓶通体施绿釉，也颇有唐代三彩器物之遗韵。

金·扒村窑红绿彩绘女坐像

上海博物馆藏

廿八

唐怀素自叙帖

星期五

世界安全生产与健康日

一日劳动节 · 五日立夏

农历丁酉年 · 四月初三

◎ 宋金时期，河南一带的扒村窑、当阳峪窑、鹤壁窑均以烧制红绿彩瓷闻名。所制器物造型生动、色彩艳丽，充满民间审美意趣。

清乾隆·景德镇窑古铜彩牺耳尊
故宫博物院藏

蜀素帖

星期六

国际舞蹈日

一日劳动节 · 五日立夏

农历丁酉年 · 四月初四

◎ 艺术修养深厚的乾隆帝，除了醉心于装饰繁复的掐丝珐琅、瓷、玉等器物外，对复古之风也颇有兴致。此尊便以三代青铜为蓝本，既体现了乾隆帝个人的审美情趣，也体现了以陶瓷逼真模仿其他材质的高超技艺。

夏 · 兽面纹镶嵌绿松石铜牌饰
中国社会科学院考古研究所藏

北魏张玄墓志

星期日

全国交通安全反思日

今日三候戴胜降于桑

农历丁酉年·四月初五

◎ 绿意斑驳的，不只是历经沧桑的三代吉金和来自矿物质的青绿颜料、陶瓷釉色。绿松石作为出产于本土的天然装饰材料，很早就应用于工艺制品。夏商之际，许多青铜牌饰便以绿松石镶嵌作为装饰。这些牌饰虽无制成之初的金绿相映之美，但翠绿的绿松石和绿锈包裹的铜质结合，也是一种时光流逝之美吧！

國寶 2017 古色華彩 — 夏绿如蓝

五月

May

战国 · 玻璃珠
湖北省博物馆藏

一日

唐灵飞经

星期一

今日劳动节·五日立夏

农历丁酉年·四月初六

◎ 在古代中国，玻璃被称为琉璃、颇黎，是以冶炼青铜所余矿渣混合黏土低温熔炼而成的铅钡玻璃，不同于起源于西方的钠钙玻璃。被称为蜻蜓眼的玻璃珠则是以复色套环作为装饰的玻璃制品，广泛流行于中原、中亚、西亚、北非等地。这串蓝白相间的玻璃珠出土于曾侯乙墓，正是其代表。

西汉 · 玻璃璧

陕西历史博物馆藏

唐褚遂良书
雁塔圣教序记

星期二

五日立夏 · 廿一小满

农历丁酉年 · 四月初七

◎ 此璧出土于汉武帝茂陵附近，深蓝色半透明，直径达二十多厘米，远大于集中出土于长沙、广州等地的西汉玻璃璧。

隋 · 玻璃杯
中国国家博物馆藏

三日

北魏张猛龙碑

星期三

佛诞日
世界新闻自由日

五日立夏·廿一小满

农历丁酉年·四月初八

◎　这件玻璃杯出土于隋代贵族李静训墓，本为淡绿色，却因在地下长期受到侵蚀，而成蓝绿斑驳之状，尽显岁月之美。

唐 · 花卉纹蓝色琉璃盘
法门寺博物馆藏

汉张迁碑

星期四

五四青年节

明日立夏 · 廿一小满

农历丁酉年 · 四月初九

◎　唐代中西方交流频繁，来自中亚、西亚等地的玻璃制品在唐代遗存中屡有发现。出土于法门寺地宫的此盘为唐懿宗供奉之物，色泽深蓝，表面刻花，应为经丝路传来而被唐代皇室视为珍品的早期伊斯兰玻璃制品。

元 · 玻璃莲花盏、托

甘肃省博物馆藏

五日

隋龙藏寺碑

星期五

今日立夏·一候蝼蝈鸣

农历丁酉年·四月初十

◎ 此盏由同为莲瓣造型的蓝色盏、托组成一套，造型别致，色泽艳丽，实为元代玻璃器皿中的珍品。

清 · 蓝透明玻璃瓶
故宫博物院藏

秦石鼓文

星期六

廿一小满 · 卅日端午

农历丁酉年 · 四月十一

◎ 此瓶由清光绪朝内务府造办处玻璃厂烧造，色泽沉郁而透明度颇高，为清晚期宫廷玻璃器中的代表作品。

汉晋·“王侯合昏千秋万岁宜子孙”锦枕
新疆文物考古研究所藏

七日

史晨前碑

星期日

廿一小满·卅日端午

农历丁酉年·四月十二

◎ 不断发现的历代精美织物，成为丝绸之国高超技艺和审美水平的重要物证。出土于尼雅遗址的锦被和锦枕，以织有“王侯合昏千秋万岁宜子孙”吉语图案的蓝色织锦制成，据推断应是中原官营作坊为地方王侯之家婚礼所专门织造。

北朝·绞缬绢衣
中国丝绸博物馆藏

宋米芾苕溪诗卷

星期一

世界微笑日
世界红十字日

廿一小满 · 卅日端午

农历丁酉年 · 四月十三

◎　绞缬即今人所称扎染。这件北朝绞缬绢衣以蓝褐色染底色，扎出黄白色小点，保存完整，尤为难得。

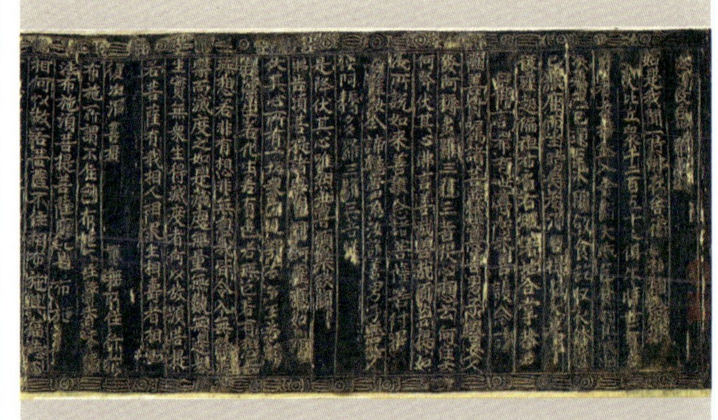

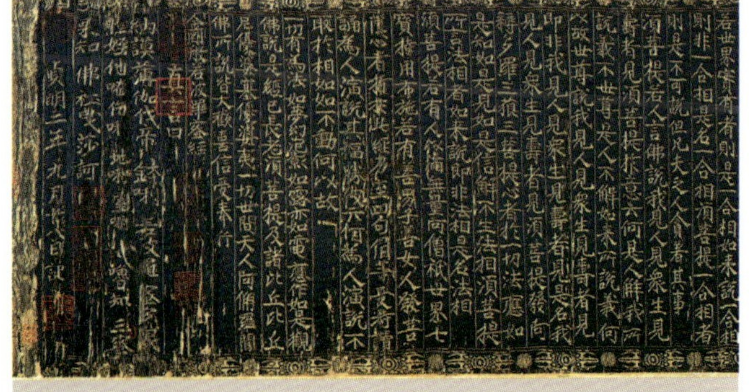

后梁·织成金刚经（部分）
辽宁省博物馆藏

九日

晋王羲之兰亭序帖

星期二

廿一小满·卅日端午

农历丁酉年·四月十四

◎ 瓷青纸是一种深蓝色的染色纸。以泥金书写其上，金蓝相映，华丽而庄重，多用于抄写佛经，自五代开始便流行起来，数代不衰。此经仿照瓷青纸泥金的写经方式，以深蓝色为地，金黄色为经文、边饰，织造工艺繁复，工作量极大。

辽·南无释迦牟尼佛夹缬绢

应县木塔文物保管所藏

宋拓智永真草
千字文

星期三

今日二候蚯蚓出

农历丁酉年 · 四月十五

◎ 此绢出土于山西应县佛宫寺释迦塔，为夹缬工艺所制。在红褐色的主色调当中，又以蓝色为背光、花瓣等纹饰，与今日瓯越之地以蓝为主色调的夹缬相比，大异其趣。

辽·蓝底梅花夹竹纹绣罗
内蒙古巴林右旗博物馆藏

十一

汉礼器碑

星期四

廿一小满 · 卅日端午

农历丁酉年 · 四月十六

◎ 庆州白塔所出供奉之物，充分体现了契丹民族上承盛唐，并与宋王朝频繁交往之下深受中原文化影响的审美意趣。这件蓝地纹绣罗以花蕾满枝的桃花为中心，两侧柳条与桃枝交缠，如清风拂动，四周蜂蝶飞舞，远处两组湖石分立左右，一派盎然春意。

南宋·缂丝山茶
辽宁省博物馆藏

隋苏慈墓志

星期五

国际护士节
全国防灾减灾日

廿一小满·卅日端午

农历丁酉年·四月十七

◎　南宋时期，以通经断纬之法织就的缂丝更多地由日用织物转向堪比书画的观赏品，名手辈出。此开山茶便是当时的名匠朱克柔再现花鸟绘画的铭心之作，深蓝色的地子，更显枝叶婀娜，花朵娇艳。

元 · 花鸟纹刺绣罗衫

内蒙古博物院藏

十三

不空和尚碑

星期六

世界公平贸易日

廿一小满 · 卅日端午

农历丁酉年 · 四月十八

◎　出土于内蒙古集宁路的这件刺绣罗衫，在藏蓝色的罗地上，以浅色绣线绣出近百组大小纹饰，遍身江南气韵，精美而不显琐碎，是元代服饰中最为重要的佳品。

元·掐丝珐琅三环尊

故宫博物院藏

唐欧阳询书
九成宫醴泉铭

星期日

母亲节

廿一小满 · 卅日端午

农历丁酉年 · 四月十九

◎ 经由大食（今阿拉伯）东传而来的“佛郎嵌”，在中原手工艺人的巧手匠心之下，发展为独树一帜的掐丝珐琅制品——景泰蓝。实际上，这种以明代年号为俗称、以深蓝为主色调的器皿早在元代即已相当成熟。

元 · 掐丝珐琅象耳炉

故宫博物院藏

玄堂帖

星期一

国际家庭日

全国碘缺乏病防治日

今日三候王瓜生

农历丁酉年 · 四月二十

◎ 此炉铜胎镀金，口沿和炉身分别以浅蓝和宝蓝为底色，黄、红、紫、白四色菊花、西番莲为饰，色彩繁而不乱。

元 · 掐丝珐琅鼎式炉

故宫博物院藏

汉西狭颂

星期二

廿一小满 · 卅日端午

农历丁酉年 · 四月廿一

◎　此炉造型脱胎于三代青铜而又有所变化。在色调上，炉体靠近口沿处以墨绿为地、浅蓝色为叶的折枝菊花为饰，炉体下部和三足部分则与之相反，以浅蓝为地、墨绿色为叶的各色宝相花为饰，两相映衬，富有装饰之美。

明宣德·掐丝珐琅出戟尊

故宫博物院藏

元赵孟頫书胆巴碑

星期三

世界电信和信息社会日

廿一小满 · 卅日端午

农历丁酉年 · 四月廿二

◎　此尊以浅蓝釉为地，红、白、黄、宝蓝四色釉填花纹作为装饰，精工而不失典雅，为宣德朝御用制品。

清雍正·锤胎珐琅八方盒
故宫博物院藏

唐贺知章书孝经

星期四

国际博物馆日

廿一小满·卅日端午

农历丁酉年·四月廿三

◎　此盒为广州所制，以银片锤成中部凹陷的花纹轮廓，再填以半透明的彩色釉料，在做法和装饰效果上与掐丝珐琅都有所不同。

清乾隆·掐丝珐琅提梁卣

故宫博物院藏

唐寅落花诗册

星期五

中国旅游日

廿一小满 · 卅日端午

农历丁酉年 · 四月廿四

◎ 此器为乾隆朝造办处珐琅作所制，造型仿三代青铜，纹饰则五彩并饰，体现了乾隆帝崇古而尚工巧繁复的审美取向。

清乾隆 · 掐丝珐琅出戟罍
故宫博物院藏

廿日

怀仁集王书圣教序

星期六

全国母乳喂养宣传日

明日小满·卅日端午

农历丁酉年·四月廿五

◎ 此罍为扬州所制仿古器，色调以浅蓝为地、宝蓝为线条主色调，深浅相映，似有斑驳古意。

元 · 景德镇窑青花四爱图梅瓶
武汉博物馆藏

廿一

唐柳公权书玄秘塔碑

星期日

全国助残日

今日小满·一候苦菜秀

农历丁酉年·四月廿六

◎　外来釉料的使用，使得青花瓷得以大量烧造并流行起来。它是蓝与白的协奏，开启了中国陶瓷一个新的审美时代。这件梅瓶2006年出土于湖北钟祥明郢靖王墓。四面开光中分别绘制了王羲之爱兰、周敦颐爱莲、林和靖爱梅鹤和陶渊明爱菊的人物故事图，别开生面。

元 · 青花釉里红镂花瓷盖罐
河北博物院、故宫博物院藏

唐欧阳询书化度寺碑

星期一

国际生物多样性日

卅日端午 · 五日芒种

农历丁酉年 · 四月廿七

◎ 青花釉里红创烧于元代，此罐为其中的精品。罐壁开光，分别以釉里红和青花釉色为饰的牡丹花叶，色泽浓艳，雕饰精美。此器1964年出土于保定，同时出土的另一件相同造型的盖罐入藏故宫博物院。

元·景德镇窑青花萧何月下追韩信图梅瓶
南京博物院藏

廿三

宋拓天发神谶碑

星期二

卅日端午·五日芒种

农历丁酉年·四月廿八

◎　出土于明代开国名将沐英墓的这件元末梅瓶，绘萧何月下追韩信故事，不但造型优美，而且画工高超、色调典雅，是元青花中的名品。

元 · 景德镇窑蓝釉白龙纹瓶

扬州博物馆藏

廿四

汉乙瑛碑

星期三

卅日端午 · 五日芒种

农历丁酉年 · 四月廿九

◎ 此瓶通身施以蓝釉，唯有龙纹留白，艺术手法高超，与司空见惯的青花瓷白底蓝花的装饰手法大异其趣。

明 · 青花缠枝莲纹压手杯
故宫博物院藏

廿五

唐柳公权书神策军碑

星期四

卅日端午 · 五日芒种

农历丁酉年 · 四月三十

◎ 此杯采用进口的苏麻离青釉料，纹饰色彩浓艳，白地上的蓝色线条犹如晕染。

明宣德·青花海水白龙纹扁瓶
故宫博物院藏

廿六

唐颜真卿书多宝塔碑

星期五

今日二候靡草死

农历丁酉年·五月初一

◎　此瓶以蓝釉绘制花朵、海浪，作为纹饰主体的游龙则留白与刻线结合，装饰效果别具一格。

明宣德 · 景德镇窑青花五彩鸳鸯莲池纹高足碗

西藏萨迦寺藏

廿七

麻姑仙坛记

星期六

卅日端午·五日芒种

农历丁酉年·五月初二

◎ 明天启年间的《博物要览》中有言："宣窑五彩，深厚堆垛。"而传世的宣德五彩器物却屈指可数，其中便有这件收藏于西藏萨迦寺的青花五彩高足碗。此碗以青花釉料绘制游龙、水波，五彩釉料绘制莲塘花鸟，两相映衬，清丽可爱。

明宣德 · 景德镇窑洒蓝釉钵

首都博物馆藏

廿八

唐怀素自叙帖

星期日

卅日端午 · 五日芒种

农历丁酉年 · 五月初三

◎ 洒蓝釉创烧于明宣德朝，成熟于清康熙朝，以吹釉法施釉，形成了蓝中带白、点点斑斑的特殊效果。此钵为目前已知仅存的宣德朝洒蓝釉器物。

明嘉靖 · 景德镇窑法华釉描金云龙纹贯耳瓶

上海博物馆藏

蜀素帖

星期一

联合国维持和平人员国际日

明日端午 · 五日芒种

农历丁酉年 · 五月初四

◎ 法华作为以“沥粉”技法勾勒纹饰轮廓的陶器装饰手法，最初流行于山西蒲州、泽州一带，后为景德镇窑移植于瓷器。此瓶即为法华釉器物，蓝地金彩，艺术效果颇为独特。

清康熙·景德镇窑天蓝釉琵琶式尊
故宫博物院藏

卫景武公碑

星期二

五卅运动纪念日

今日端午 · 五日芒种

农历丁酉年 · 五月初五

◎ 天蓝釉，因其如天空般明净而得名。此尊造型敦厚，釉色澄澈，为天蓝釉器物中的精品。

明 · 金累丝点翠凤冠

故宫博物院藏

卅一

伏审帖

星期三

世界无烟日

今日三候麦秋至

农历丁酉年 · 五月初六

◎ 点翠，是以翠鸟羽毛为原料的装饰手法。出土于明定陵的这尊凤冠，为万历帝孝端皇后之物。冠上以点翠手法表现的凤凰展翅欲飞，祥云层叠而上，充分利用翠羽的天然色泽形成了独特的艺术效果，尽显皇家气派。

國寶 2017 古色華彩

六月

June

夏绿如蓝

西周 · 原始青瓷双系罍
河南洛阳市文物工作队藏

唐灵飞经

星期四

国际儿童节

五日芒种 · 廿一夏至

农历丁酉年 · 五月初七

◎ 中国作为历史悠久的陶瓷之国，陶瓷器皿品类迭出。而青瓷作为出现最早的瓷器品种，以其莹润之质、悦目之色，传承数千年而不绝。出土于洛阳的这件双系罍，虽属尚在起步阶段的原始青瓷，却已可称“千峰翠色”之先声。

战国 · 原始青瓷龙首鼎

上海博物馆藏

唐褚遂良书
雁塔圣教序记

星期五

五日芒种 · 廿一夏至
农历丁酉年 · 五月初八

◎ 战国时期的南方原始瓷制作技艺已有大幅提高。此鼎无论造型还是胎体、釉质，都已与后世的青瓷非常接近了。

东汉 · 青瓷绳索纹罐

浙江奉化县文物管理委员会藏

三日

北魏张猛龙碑

星期六

五日芒种 · 廿一夏至

农历丁酉年 · 五月初九

◎ 越窑是古代中国首屈一指的南方青瓷窑系。此罐胎质细腻、釉色青翠，肩部仿作绳索状装饰，为早期越窑的代表器物。

三国 · 吴 · 越窑青釉熊形灯

中国国家博物馆藏

四日

汉张迁碑

星期日

明日芒种 · 廿一夏至

农历丁酉年 · 五月初十

◎ 六朝时期，青瓷逐渐取代流行于东周秦汉的漆器，成为日用器皿中的大宗。各种瓷质灯具颇具时代特色。此灯以蹲坐上举造型的熊为灯柱，稚拙可爱。

三国 · 越窑青釉羊
中国国家博物馆藏

隋龙藏寺碑

星期一

世界环境日

今日芒种·一候螳螂生

农历丁酉年·五月十一

◎ 青瓷卧羊，为六朝时期流行的器物造型，刻画简洁而生动，造型洗练而有力。

西晋·越窑青釉兽形尊

南京博物院藏

秦石鼓文

星期二

全国爱眼日

廿一夏至 · 廿九天贶

农历丁酉年 · 五月十二

◎　此尊器身因形就势，堆塑为一蹲坐状的神兽形象，造型独特，形神兼备。

东晋·越窑青釉点彩八系壶
上海博物馆藏

七日

史晨前碑

星期三

廿一夏至 · 廿九天贶

农历丁酉年 · 五月十三

◎ 西晋晚期开始出现的点彩工艺，虽然较为粗陋，却打破了瓷器釉色上的一成不变。此壶便是以酱褐彩斑带来了釉色装饰上的变化。

北朝·青釉莲花尊

故宫博物院藏

宋米芾苕溪诗卷

星期四

世界海洋日

廿一夏至 · 廿九天贶

农历丁酉年 · 五月十四

◎　南北朝社会动荡，佛教流行，器物装饰也受到宗教的深刻影响。此尊采用仰覆莲瓣的基本造型，正体现了这一特点。而青釉与莲花造型的结合，更显清逸淡雅。

南朝·越窑青釉刻花单柄壶

故宫博物院藏

九日

晋王羲之兰亭序帖

星期五

廿一夏至·廿九天贶

农历丁酉年·五月十五

◎　此壶造型别致优雅，釉色青绿，刻花装饰线条流畅，与同时期的北朝青瓷器皿颇有异曲同工之妙。

隋·洪州窑青釉戳印花纹碗及印模
江西省博物馆、丰城市博物馆藏

十日

宋拓智永真草
千字文

星期六

中国文化遗产日

今日二候鵙始鸣

农历丁酉年 · 五月十六

◎　洪州窑青瓷始于东晋，盛于隋唐。这件青釉瓷碗以模印技术进行装饰，体现出当时制瓷领域批量生产的产业雏形。

唐·青瓷凤头龙柄壶
故宫博物院藏

汉礼器碑

星期日

中国人口日

廿一夏至·廿九天贶

农历丁酉年·五月十七

◎ 此壶凤头、龙柄，壶身以联珠、卷草纹为饰，可谓中西合璧。

唐 · 越窑青釉执壶
故宫博物院藏

十二

隋苏慈墓志

星期一

世界无童工日

廿一夏至·廿九天贶

农历丁酉年·五月十八

◎ 唐代以越窑青瓷与邢窑白瓷为南北瓷窑之翘楚。此壶造型简洁，青釉莹润，为唐代越窑日用瓷的典型代表。

唐·越窑秘色瓷八棱瓶
法门寺博物馆藏

不空和尚碑

星期二

廿一夏至 · 廿九天贶

农历丁酉年 · 五月十九

◎ 晚唐诗人陆龟蒙以“九秋风露越窑开，夺得千峰翠色来”之句形容高妙的越窑上品——秘色瓷。长期以来，秘色瓷一直是口耳相传的神秘存在。以这件八棱瓶为代表的法门寺地宫供奉之器的重新面世，才使得“千峰翠色”的想象，得以真切呈现在世人眼前。

五代·耀州窑青釉剔刻花牡丹纹壶
甘肃成县文化馆藏

唐欧阳询书
九成宫醴泉铭

星期三

世界献血日

廿一夏至·廿九天贶

农历丁酉年·五月二十

◎ 耀州窑作为五大名窑之外的北方著名窑口，历史悠久，影响深远，为世人留下了层出不穷的青瓷精品。以刻花、划花等手法进行的装饰，更为其增添了无与伦比的艺术魅力。此壶剔刻结合，纹饰层层堆叠如同浮雕。

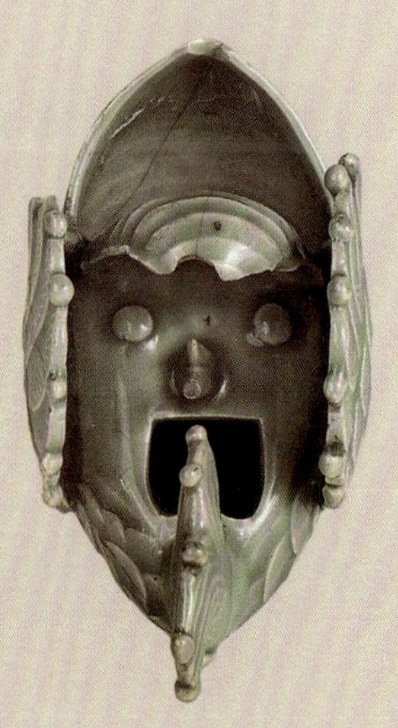

辽·耀州窑青釉飞鱼形水盂
辽宁省博物馆藏

十五

玄堂帖

星期四

今日三候反舌无声

农历丁酉年·五月廿一

◎ 水盂为滴水研墨的文房用具，以典雅为宜。此盂采用雅致的青釉，造型则为流行于契丹的摩羯鱼，体现了时代和地域的审美偏好。

北宋 · 耀州窑青釉刻花三足瓶

上海博物馆藏

十六

汉西狭颂

星期五

廿一夏至·廿九天贶

农历丁酉年·五月廿二

◎　此瓶瓶体敦厚，三足承托而略显轻盈，瓶腹剔刻卷草纹饰，轻巧灵动，典雅大方。

北宋·耀州窑青釉刻花提梁倒流壶

陕西历史博物馆藏

元赵孟頫书胆巴碑

星期六

世界防治荒漠化和干旱日

廿一夏至·廿九天贶

农历丁酉年·五月廿三

◎ 倒流壶以其独特的内部结构形成了壶底注水、翻转后倒出而不洒漏的奇妙效果。而其釉色之澄明、雕饰之生动，却往往被观者忽视了。

北宋 · 汝窑青釉圆洗

故宫博物院藏

唐贺知章书孝经

星期日

父亲节

廿一夏至·廿九天贶

农历丁酉年·五月廿四

◎　数年前歌曲《青花瓷》的风靡让白底蓝花、司空见惯的青花瓷一时间成为流行话题，而其中一句张冠李戴的“天青色等烟雨”，又能让多少人去探究古人“雨过天青云破处”之句所描述的真正对象——汝窑呢？

北宋·汝窑青釉三足洗

故宫博物院藏

十九

唐寅落花诗册

星期一

廿一夏至 · 廿九天贶

农历丁酉年 · 五月廿五

◎　汝窑烧造时间短暂而存世量稀少，南宋时期便已一器难求，堪称宋瓷之首。据说汝窑以玛瑙入釉。这种说法虽然未必不是笔记作者的溢美之辞，但与其他窑口相比，即便同为青瓷，汝窑瓷器质润如玉，则是看得见的。

南宋·官窑青釉圆洗

故宫博物院藏

廿日

怀仁集王书圣教序

星期二

世界难民日

明日夏至 · 廿九天觃

农历丁酉年 · 五月廿六

◎　北宋末年的动荡，使得汴梁一带的御窑纷纷湮没。承继了北宋官窑等瓷窑技艺传统的南宋官窑，则烧造出了粉青如玉的青釉器皿。这件南宋官窑的圆洗，造型洗练，釉色润泽略有冰裂纹，显得古雅别致。

南宋 · 官窑青釉弦纹瓶
故宫博物院藏

廿一

唐柳公权书玄秘塔碑

星期三

今日夏至 · 一候鹿角解

农历丁酉年 · 五月廿七

◎ 此瓶颈部和腹部皆以弦纹为饰，古朴规整，简洁雅致，而釉面开片的不规则纹路则增添了几分“意外”之美。

南宋 · 龙泉窑青釉贯耳瓶

四川遂宁市博物馆藏

廿二

唐欧阳询书化度寺碑

星期四

中国儿童慈善活动日

廿九天贶·七日小暑

农历丁酉年·五月廿八

◎ “霁月难逢，彩云易散”，南宋繁华随着元军铁蹄的入侵转瞬即逝。于天府之国四川发现的南宋末年的多处金银器、陶瓷窖藏，或许正是这一背景下的遗存。出土于遂宁金鱼村窖藏中的这件贯耳瓶，器形仿古，釉色碧青，反映了宋人的生活和艺术品位。

元 · 龙泉窑青釉贴花葫芦瓶
大同市博物馆藏

廿三

宋拓天发神谶碑

星期五

联合国公务员日
国际奥林匹克日

廿九天贶 · 七日小暑

农历丁酉年 · 五月廿九

◎ 此瓶不但采用造型别致的葫芦形，还运用了元代龙泉窑流行的贴花装饰，更兼釉质丰腴，釉色柔和莹润，宛如青玉。

元·钧窑月白釉出戟尊
故宫博物院藏

廿四

汉乙瑛碑

星期六

澳门城市日

廿九天贶 · 七日小暑

农历丁酉年 · 六月初一

◎ 钧窑是北方著名的窑系，除了青中带紫的鲜艳釉色外，青中泛白的月白釉亦值得一提。这件仿上古青铜器造型的出戟尊，便是其中的代表。

商 · 玉拱手立人

上海博物馆藏

廿五

唐柳公权书神策军碑

星期日

全国土地日
世界海员日

廿九天贶·七日小暑

农历丁酉年·六月初二

◎ 青瓷之美，以“如玉”为赞誉。那么玉质之美便不言而喻了。古代先民很早就发现了玉质之美。这件玉拱手立人所承载的信仰或许早已无从探究，但青色玉料雕琢而成的造型，却在很大程度上体现了古人对美的追求。

西汉·玉辟邪
咸阳博物馆藏

廿六

唐颜真卿书多宝塔碑

星期一

国际禁毒日

今日二候蜩始鸣

农历丁酉年 · 六月初三

◎ 此件辟邪以青白色玉料雕琢而成，与更为知名的玉羽人奔马、玉熊等小型玉雕一同出土于西汉渭陵附近，或为皇家供奉之物。尺寸虽小，气势却绝不输于大体量的同题材陵墓石刻。

唐 · 玉云形杯
故宫博物院藏

廿七

麻姑仙坛记

星期二

廿九天贶 · 七日小暑

农历丁酉年 · 六月初四

◎　此杯以青玉雕琢，通体饰云朵纹，杯耳更以飘动的云朵为造型，与淡青色泽相得益彰。

元·玉龙纹活环尊

故宫博物院藏

廿八

唐怀素自叙帖

星期三

明日天贶 · 七日小暑

农历丁酉年 · 六月初五

◎ 此尊玉质青灰，略有浅黄、黑色斑驳，而造型则仿上古青铜壶，色泽与造型相映生辉。

清·玉双童洗象饰

故宫博物院藏

廿九

蜀素帖

星期四

今日天贶·七日小暑

农历丁酉年·六月初六

◎ 象在佛教和世俗中都具有吉祥的意味，因而洗象成为明清绘画、工艺陈设的常见题材。这件青玉雕琢的陈设玉雕，表现了一头回首立象，背上两个童子一立一伏，虽程式化而不失生动。

清乾隆·“大禹治水图”玉山

故宫博物院藏

卅日

北魏张玄墓志

星期五

七日小暑·廿二大暑

农历丁酉年·六月初七

◎ 青玉大禹治水图玉山为乾隆朝所雕。玉料采自新疆和阗密勒塔山，千里迢迢运至京师，以宫中所藏宋人同题画作为稿本设计，再转往扬州雕刻，耗十年之功而成，堪称珍品，运回北京后一直放置于紫禁城乐寿堂。

卅一

伏审帖

星期五

三日寒食 · 四日清明

农历丁酉年 · 三月初四

◎　这件“嘉庆年制”款剔红笔筒刀工细密有致，纹饰繁缛，实为乾隆朝剔红之“余韵”。以漆树汁液混合朱砂等物质而穿越数千年的古代“中国红”，至此已近尾声。它的再度辉煌，就要等到20世纪中期以后了。

清嘉庆·携琴访友图剔红笔筒

故宫博物院藏

卅日

北魏张玄墓志

星期四

今日上巳·三候始电

农历丁酉年·三月初三

◎ 此盒亦以菊瓣为造型基础，盒盖与盒体的多层菊瓣造型，既细密工整，又显浑厚，别出心裁。

清乾隆·脱胎菊瓣形朱漆盒

故宫博物院藏

廿九

蜀素帖

星期三

明日上巳 · 三日寒食

农历丁酉年 · 三月初二

◎ 此盘造型借鉴了前朝器物（参见3月7日图），但壁薄如纸，在工艺上更进一步。此盘纯以朱漆为质，仅在盘心以刀刻填金手法表现乾隆御制诗。此装饰手法充满富丽的皇家之气，却也不失简洁雅致。

清乾隆·脱胎菊瓣形朱漆盘

故宫博物院藏

廿八

唐怀素自叙帖

星期二

卅日上巳·三日寒食

农历丁酉年·三月初一

◎ 此盒在朱漆之上戗金填彩，纹饰细腻大方，工艺相比明代制品又有很大提高。

清乾隆·双凤纹莲瓣形雕填漆盒
故宫博物院藏

麻姑仙坛记

星期一

世界戏剧日

全国中小学生安全教育日

卅日上巳·三日寒食

农历丁酉年·二月三十

◎ 乾隆朝工艺在不断创新的同时，也时有复古之作。这件采用传统云纹的剔犀方盒便充满古拙之气，又不失严整。

清乾隆·云纹方形剔犀盒

故宫博物院藏

廿六

唐颜真卿书多宝塔碑

星期日

卅日上巳 · 三日寒食

农历丁酉年 · 二月廿九

◎　从工艺角度而言，乾隆朝为清代宫廷匠作之巅峰。此盒刀法娴熟，线条流畅，纹饰华美，为乾隆剔红的典型代表。

清乾隆·海水游龙纹剔红盒
故宫博物院藏

廿五

唐柳公权书神策军碑

星期六

今日二候雷乃发声

农历丁酉年·二月廿八

◎ 手炉为冬日取暖的日用器，皇家所用亦极尽工巧之能事。此炉外壁在红地之上描金为饰，尽显皇家之气。

清雍正至乾隆·描金朱地龙凤纹漆手炉
故宫博物院藏

廿四

汉乙瑛碑

星期五

世界防治结核病日

卅日上巳 · 三日寒食

农历丁酉年 · 二月廿七

◎ 此盒表面纹饰色彩繁多，线条繁复，但在朱地的映衬下显得繁而不乱。

清雍正至乾隆·描油锦文委角方形漆盒

故宫博物院藏

廿三

宋拓天发神谶碑

星期四

世界气象日

卅日上巳·三日寒食

农历丁酉年·二月廿六

◎ 此盒以朱漆为地，以描金彩绘表现蝙蝠勾莲纹装饰，造型饱满敦厚，装饰华美。

清雍正·蝙蝠勾莲纹柿形雕填漆盒

故宫博物院藏

廿二

唐欧阳询书化度寺碑

星期三

世界水日

卅日上巳 · 三日寒食

农历丁酉年 · 二月廿五

◎ 漆艺除制作小型日用器皿，也被运用于屏风、桌案等大型家具。这件长逾两米的剔红宝座便是清代前期漆雕家具的代表，据史料记载为雍正七年江宁织造隋赫德所献。

清雍正·云龙纹剔红宝座

故宫博物院藏